Schöningh

EinFach
Deutsch
Unterrichtsmodell

Igor Bauersima

norway.today

Von
Bettina Greese

Herausgegeben von
Johannes Diekhans

Baustein 4: Abschied – ein echter „Fake“ (S. 60–76 im Modell)

4.1	Das Polarlicht – ganz echt!	Drama, S. 37–42	Textarbeit Szenisches Spiel Arbeitsblatt 12
4.2	Virtuelle Intimität	Drama, S. 42–49	Textarbeit Tafelskizzen
4.3	Den Abschied inszenieren und sich selbst entdecken	Drama, S. 49–59	Textarbeit Tafelskizze Schreibauftrag Arbeitsblatt 13
4.4	„Fake“ ist total real	Drama, S. 60–61	Textarbeit Tafelskizze
4.5	Happyend? – Warum leben?	Drama, S. 61–62	Textarbeit Schreibauftrag

Baustein 5: Postmodernes Theater-Spiel (S. 77–101 im Modell)

5.1	Gliederung und Spannungsbogen des Stücks	gesamtes Drama	Tafelskizze Textarbeit Arbeitsblatt 14
5.2	Klassisches versus episches Theater	gesamtes Drama	Textarbeit Arbeitsblätter 15 und 16
5.3	Postdramatisches Theater-Spiel	gesamtes Drama	Lernzirkel Arbeitsblätter 17–22
5.4	Das Stück in der Kritik	gesamtes Drama	Gruppenarbeit Arbeitsblatt 23
5.5	Inszenierung des Stückes	gesamtes Drama	Zeichenauftrag Arbeitsblatt 24

Baustein 1: Mögliche Einstiege in die Reihe (S. 18–35 im Modell)

1.1	Internet virtuell erleben		Gruppenarbeit Arbeitsblatt 1
1.2	Selbstmord@online		Textarbeit Tafelskizze Arbeitsblatt 2 Arbeitsblatt 3
1.3	Antizipationen zur Handlung		Tafelskizze Unterrichtsgespräch
1.4	Suche nach dem Kick: das Echte fühlen	Drama, S. 12f.	Schreibauftrag Textarbeit Tafelskizze Arbeitsblatt 4 Arbeitsblatt 5
1.5	Videodokus: Das Leben festhalten?		Projekt
1.6	Reinhören: Musikalischer Prolog	Drama, S. 9	Offene Aufgabe Arbeitsblatt 6

Baustein 2: Julie und August in der Kälte (S. 36–51 im Modell)

2.1	Die Hauptfiguren und die Frage nach dem Sinn	Drama, S. 11–14	Szenisches Lesen Textarbeit Tafelskizze
2.2	Im Chat: Virtual life und real death?	Drama, S. 14–20	Tafelskizze Schreibauftrag Arbeitsblatt 7
2.3	Im Angesicht des Todes	Drama, S. 20–31	Textarbeit Arbeitsblatt 8
2.4	Julie und August – Abhängigkeiten	Drama, S. 32–37	Textarbeit Szenisches Spiel Tafelskizze Arbeitsblatt 9

Baustein 3: Sprache – Denken – Wirklichkeit im Paradoxen (S. 52–59 im Modell)

3.1	Schwarze Paradoxien: „den Tod erleben"?	Drama, S. 11–37	Textarbeit Tafelskizze Arbeitsblatt 10
3.2	August und die Philosophie: Kants Kritiken, Ciorans Nihilismus	Drama, 13f., 18f., 59	Textarbeit Arbeitsblatt 11

Bildnachweis:

S. 9, 29 re., 32, 48, 49: © picture-alliance/HB-Verlag – **S. 29 li.**: © ullstein bild-klar – **S. 50**: Verlagsarchiv/B. Greese – **S. 58 li.**: © Harm Bengen; **re.**: Aus: Sempé: Wie verführe ich Männer? Copyright © 1982 Diogenes Verlag AG Zürich – **S. 59**: akg-images – **S. 98**: The Agency Ltd., London – **S. 101 o.li.**: © QUASI SO Theater; **o.re.**: © Theatre Smash/graphic designer Robin Senior; **u.li.**: Das Plakat wurde von dem Grafiker Udo Krause für eine Aufführung der Uckermärkischen Bühnen Schwedt gestaltet; **u.re.**: © 2002 derMarkstein.de für das GRIPS-Theater Berlin – **S. 102** Second Life – **S. 107**: Aus: Opa Hucke's Mitmachkabinett. © 2010, Diogenes Verlag, Zürich, Erstausgabe 1976, Beltz Verlag, Weinheim und Basel

www.schoeningh-schulbuch.de
Schöningh Verlag, Jühenplatz 1–3, 33098 Paderborn

Druck A 5 4 3 2 / Jahr 2018 17 16 15
Alle Drucke der Serie A sind im Unterricht parallel verwendbar.
Die letzte Zahl bezeichnet das Jahr dieses Drucks

Umschlaggestaltung: Jennifer Kirchhof
Druck und Bindung: westermann druck GmbH, Braunschweig

ISBN 978-3-14-022511-3

Vorwort

Der vorliegende Band ist Teil einer Reihe, die Lehrerinnen und Lehrern erprobte und an den Bedürfnissen der Schulpraxis orientierte Unterrichtsmodelle zu ausgewählten Ganzschriften und weiteren relevanten Themen des Faches Deutsch bietet.
Im Mittelpunkt der Modelle stehen Bausteine, die jeweils thematische Schwerpunkte mit entsprechenden Untergliederungen beinhalten.
In übersichtlich gestalteter Form erhält der Benutzer/die Benutzerin zunächst einen Überblick zu den im Modell ausführlich behandelten Bausteinen.

Es folgen:

- Hinweise zu den Handlungsträgern
- Zusammenfassung des Inhalts und der Handlungsstruktur
- Vorüberlegungen zum Einsatz des Dramas im Unterricht
- Hinweise zur Konzeption des Modells
- Ausführliche Darstellung der einzelnen Bausteine
- Zusatzmaterialien

Ein besonderes Merkmal der Unterrichtsmodelle ist die Praxisorientierung. Enthalten sind kopierfähige Arbeitsblätter, Vorschläge für Klassen- und Kursarbeiten, Tafelbilder, konkrete Arbeitsaufträge, Projektvorschläge. Handlungsorientierte Methoden sind in gleicher Weise berücksichtigt wie eher traditionelle Verfahren der Texterschließung und -bearbeitung.
Das Bausteinprinzip ermöglicht es dabei den Benutzern, Unterrichtsreihen in unterschiedlicher Weise und mit unterschiedlichen thematischen Akzentuierungen zu konzipieren. Auf diese Weise erleichtern die Modelle die Unterrichtsvorbereitung und tragen zu einer Entlastung der Benutzer bei.

Das vorliegende Modell bezieht sich auf folgende Textausgabe:
Igor Bauersima: norway.today. 3 Theaterstücke. Fischer Taschenbuch Verlag. Frankfurt am Main ^{7}2009 (Originalausgabe 2003). ISBN: 978-3-596-16144-7

Arbeitsfrage
Einzelarbeit
Partnerarbeit
Gruppenarbeit
Unterrichtsgespräch
Schreibauftrag
szenisches Spiel, Rollenspiel
Mal- und Zeichenauftrag
Bastelauftrag
Projekt, offene Aufgabe

Inhaltsverzeichnis

norway.today

Derjenige, der sich heute in einem Anfall von Melancholie tötet, würde sich gewünscht haben zu leben, wenn er nur eine Woche gewartet hätte.

Voltaire

Die Hauptpersonen Julie und August

Julie:

Julie wendet sich online an User eines Suizidforums, weil sie mit jemandem zusammen in den Tod gehen will, um „echt" mitzuerleben, wie einer stirbt. Die Begründung, die sie zunächst liefert, ist, dass sie keinen Sinn mehr sieht bzw. die gesellschaftlich etablierten Sinnstiftungsangebote wie z. B. Erfolg ablehnt. Sie ist nicht traurig oder depressiv, aber sie sucht den „freien Fall", weil sie meint, schon alles gehabt zu haben. Julie ist jung, intelligent und gutaussehend, sie kommt aus gutbürgerlichem Hause, mit liebevollen Eltern, einem netten Vater, der sie gehalten hat, wenn sich unter Julie der Abgrund aufgetan hat, und einem Freund Rune, den sie liebt.
Julie akzeptiert August als Partner für das echte Sterben, seine mit philosophischen Zitaten gespickten Lebenszweifel findet sie „süß" (S. 39), sodass sie sich die Liebe mit ihm vorstellen kann, ohne die echte Liebe zunächst zuzulassen. Als Fernsehkid eifert sie eher ihrem Vorbild Natalie Wood nach und möchte sich in einem rätselhaften Tod verewigen, bis sie entdeckt, dass sie mit ihren Gefühlen eigentlich ganz lebendig ist.

August:

August, ein echtes Kind der Generation Internet, 19 Jahre alt, jünger und unsicherer als Julie, meldet sich auf Julies Aufruf im Chatroom. Seine Motivation zu sterben speist sich eher aus der grundlegenden Skepsis, Glück ganz echt erleben zu können und sich selbst in einer Welt medialer Inszenierungen als lebendig zu spüren. Für ihn ist die Realität „fake" und nur das Nichts real. Halb zynisch, halb naiv fühlt er nur Verantwortung für seinen Fisch. Seine Familie (einen Bruder) erwähnt er nur beiläufig. Er sucht Antworten bei alten und modernen Philosophen, meint Kants Kritik der Vernunft zu teilen, aber liest auch Emil Cioran und schmückt sich mit dessen schwermütigen Aphorismen.
Norwegen überfordert ihn, der Abgrund ist auf einmal zu real, er redet nur „Scheiße" (S. 29). Julie will ihn in den Tod stoßen, es kommt zur Rangelei und dann bettelt sie August um Hilfe an. Als Herr über Leben und Tod realisiert er die Situation, spürt sich und eine Zuneigung für Julie. Er kann das Echte erleben, aber der Versuch, das Echte per Kamera festzuhalten, scheitert, das sieht dann auch der Videoschnittfachmann August ein. Im Bemühen um ein authentisches Abschiedsvideo gelangt er zur Erkenntnis, dass „fake" eben auch ganz real sein kann und das, was er erlebt, mehr als nichts ist. Als er den Tod ernst nimmt, kann er sich nicht mehr selbst töten. Sterben muss nur die Kamera und ihre virtuelle Dokumentation durch Augusts Hand.

Bei beiden Hauptfiguren besteht eine wenig nachvollziehbare Motivation zu sterben, es gibt keine erdrückenden äußeren Faktoren wie etwa Schuldverstrickungen, Isolation oder Perspektivlosigkeit. Beide sind auch nicht wirklich unglücklich oder depressiv, aber das Leben fühlt sich nicht echt an, die Realität entpuppt sich immer wieder als „fake". Deshalb wollen sie den Ernstfall, das Ende des Spiels, die Authentizität durch den Ausstieg aus einer medial vermittelten Kunstwelt, in der man sich nicht spüren kann. Die Realität des Todes soll beide vom Gefühl des Ungenügens und des Überdrusses befreien.

Entstehung, Inhalt und Handlungsabfolge des Dramas

Als die Intendantin des Düsseldorfer Schauspielhauses, Anna Badora, bei dem Schweizer Autor und Regisseur Igor Bauersima ein Stück in Auftrag gab, stieß dieser auf eine Pressemitteilung: Ein 24-jähriger Norweger und eine 17-jährige Österreicherin hatten sich online zu einem Selbstmord verabredet und sprangen im Februar 2000 in den Tod, von einer Felsklippe, dem 610 Meter hohen „Predigtstuhl" in Norwegen. Bauersima recherchierte im Internet, besuchte die Suizidforen, die er „absurd entsetzlich" fand.[1] Dieser lebensmüden Wirklichkeit schaute er den Stoff ab und entwickelte gemeinsam mit seiner OFF OFF Truppe das Bühnenstück „norway.today", das am Düsseldorfer Schauspiel 2000 uraufgeführt wurde und 2001 bei den Mülheimer Theatertagen den Publikumspreis erhielt.
Das Stück soll die Absurdität der postmodernen Existenz spiegeln, an der hier junge Menschen (ver-)zweifeln, indem es echte und virtuelle Realitäten aufeinander bezieht und im grotesken Spiel zur abgründigen Handlung werden lässt. Der Titel in Internetschreibweise greift wörtlich genommen den Handlungsort auf und verweist auf die Aktualität der Problematik, andererseits spielt er phonetisch auf „no way to die" an. Der Selbsttötungsplan ist aussichtslos und nimmt den positiven Ausgang vorweg.
In dem Zweipersonenstück treffen sich zwei junge Menschen mit Hochsommernamen im Chatroom eines Suizidforums. Auf Initiative Julies hin schließen sie einen Selbstmordpakt. Sie reisen nach Norwegen und treffen sich am Abgrund im Schnee. Hier werden die „coolen", in virtuellen Welten so bewanderten Internet-Kids mit dem Echten konfrontiert, einer Tiefe von 600 Metern. Sie stellen sich vor, was in den letzten 10 Sekunden bis zum Aufprall passiert. Der Moment soll Größe haben und so nehmen beide wiederholt gedanklich Anlauf, um würdig mit dem Leben abzuschließen. Dies konfrontiert sie mit ihren Motiven zu sterben. August bekommt Angst, weint, will beides nicht zugeben. Julie will ernst machen und es kommt zum Gerangel, bei dem zunächst August, dann Julie abzustürzen drohen. Nun ist die Coolness ausgetrieben inmitten eisiger Kälte und es wird Nacht. Schon hier deutet sich an, was das Polarlicht zur Erkenntnis bringt: Das Leben kann ganz echt erlebt werden. Fasziniert von dem Naturschauspiel wollen die beiden es festhalten und, ganz Kinder ihrer Zeit, auf Video dokumentieren, aber das Wirkliche bleibt einzigartig, das Video nur Abklatsch, eben „fake". Im Erkennen und Spüren der Unmittelbarkeit offenbaren beide sich vorsichtig ihre Zuneigung, in der Nachtszene stellen sie sich Intimitäten vor, Sex im Konjunktiv. Die Gemeinsamkeit wird zu einer Vision, die das Morgengrauen zunächst zunichte zu machen scheint. Beide wollen sich jetzt verabschieden, nicht ohne sich durch letzte Videogrüße zu verewigen. Doch der Versuch, diesen Abschied angemessen zu inszenieren, misslingt, er wirkt nicht echt. August gibt es auf, versucht gar nicht erst, echt zu sein, und stiehlt seine Abschiedsworte aus einem Buch. Julie ist beeindruckt und stellt fest, dass auch der „fake" echt sein kann. Sie erkennen, dass das, was sie erleben, echt ist, sie fühlen sich lebendig und springen nicht. Stattdessen wirft August die Kameratasche mit den Videokassetten in den Abgrund. Es gibt wieder eine Zukunft, denn das Leben ist doch mehr als „fake". Die jungen Menschen verlassen die Bühne des Todes und gehen in eine Zukunft, die offen und ungewiss bleibt, mit August gesprochen: „... ein Glück, von dem wir uns nicht so schnell erholen werden" (S. 62).
Das Stück ist nicht „klassisch" in Akte und Szenen gegliedert, zerfällt aber doch durch den Vermerk von Szenenwechseln in den Regieanweisungen in fünf zwar unnummerierte, aber doch klar abzugrenzende Szenen, die hier mit Arbeitstiteln überschrieben werden. Während

[1] In: Theater heute 01/2001, S. 44

die erste Szene in einem Chatroom im Internet spielt, finden die übrigen vier auf einem Felsvorsprung über einem Fjord in Norwegen statt. Dabei entsteht eine geschlossene Gliederung, die sich dem „klassischen“ 5-Akt-Schema annähert.

Szene/ Seiten	Zeit/Ort	Inhalt	Funktion
1, S. 11–20	Chatroom	**Der Selbstmordpakt:** Die beiden User, Julie und August, stellen sich vor, chatten und verabreden den gemeinsamen Suizid.	Exposition: Einführung der Situation und der Protagonisten
2, S. 20–31	Tag/Norwegen, Schnee, am Abgrund	**„Im Angesicht des Todes“:** Wahrnehmung des Todesschauplatzes, gedankliche Konfrontation mit dem Sturz in die Tiefe.	Spannungssteigerung: Motive, Ernsthaftigkeit bzw. Zaudern, sich wirklich umzubringen
3, S. 32–37	Perspektivwechsel, Felswand	**Machtkampf am Abgrund:** Julie will, dass die beiden sich umbringen, August soll zuerst springen – es kommt zum Machtkampf, bei dem zuerst August zu stürzen droht; dann fällt Julie und August wartet, bis er ihr schließlich nach oben hilft.	Peripetie: Mit Julies Beinahe-Absturz wird der Tod real. Emotionen werden sichtbar, August ist auf Augenhöhe mit Julie (Entwicklung der Figur).
4, S. 37–49	Nacht, vor und in dem Zelt, virtueller Ort: in der Stadt	**Virtuelle Intimität:** Beide sehen das Polarlicht; die Begrenztheit der Videodokumentation begreifend beginnt ein Spiel mit der Kamera und der Fantasie: Sie filmen sich gegenseitig und zusammen und stellen sich eine hypothetische erotische Szene vor. *Bühne und Videobild werden dialogisch aufeinander bezogen.*	Retardierendes Moment: Liebe als Möglichkeit, Verzicht auf den Suizid?
5, S. 49–Ende	Morgengrauen, vor dem Zelt und am Abgrund	**Abschied – ein echter „Fake“:** Beide halten an der Idee des Suizids fest, wollen aber zuvor Abschiedsbotschaften mit der Kamera festhalten. Sie entdecken sich als lebendig und treten von der Bühne ihrer Todesinszenierung ab.	Katastrophe? (Scheitern an den Videobotschaften wirkt weiter retardierend) – Lösung

Neben dem 5-Akt-Schema zeigt sich eine zweite „klassische“ Dramenverwandtschaft, die Einheit von Ort, Zeit und Handlung. Planung und Scheitern des Suizids dauern etwa 24 Stunden, allerdings ist der Dialog im Chatroom vorgeschaltet. Bis auf die virtuell eingeblendeten Lichter der Stadt in der Nacht-Szene besteht auch die Einheit des Ortes.
Vielleicht gehört diese Dramaturgie mit zum postmodernen Spiel mit Traditionen, das das Stück auszeichnet. Zitate (Kant, Cioran, Filme, Musikstücke ...) werden Dialoginhalte spätpubertärer Wirklichkeitsauseinandersetzung; die Figuren sind Abziehbilder der „Generation Internet“ – das alles fügt Bauersima zu einem Bild lächerlich-grotesker Wirklichkeit zusammen, in der sich manche erst lebendig fühlen, wenn sie sich mit dem Tod konfrontieren.

Vorüberlegungen zum Einsatz des Dramas im Unterricht

Nach der Uraufführung von „norway.today" im November 2000 in Düsseldorf hat das Schauspiel mehrere Preise erhalten, wurde in 20 Sprachen übersetzt und hat sich im Spielplan vieler Bühnen, sowohl staatlicher als auch der Off-Szene, etabliert. Insofern ist das Stück als mittlerweile bekanntes Schauspiel des Gegenwartstheaters auch für die Schule attraktiv. Vornehmlich bietet es sich allerdings aufgrund seiner Thematik an, da Bauersima reale Probleme Jugendlicher mit dem Leben aufgreift.
Andererseits mag der Einsatz eines Dramas, in dem sich junge Menschen nach realem Vorbild das Leben nehmen wollen, auch Skepsis hervorrufen, schließlich könnten Schülerinnen und Schüler sich wiederum an den Protagonisten ein gefährliches Vorbild nehmen, verführt werden, online Suizidforen aufzusuchen, und durch den Deutschunterricht auf Selbstmordgedanken gebracht werden. Man könnte nun einwenden, dass auch themenverwandte Stoffe wie der „Werther", der bei Zeitgenossen durchaus Todessehnsüchte weckte, im Unterricht noch immer schadlos durchgenommen werden können. Aber es ist nicht die grundsätzliche Distanz zu fiktiven Texten, die der Unterricht aufrechterhält, sondern es ist die ironische Distanz des Dramas „norway.today" zu seinen Hauptfiguren, die diese moderne Beinahe-Tragödie hinsichtlich eines Nachahmungseffektes als ungefährlich erscheinen lässt.
Julie und August sind eben nicht suizidgefährdet, weil sie in existenziellen Nöten stecken; ihr Entschluss zu sterben ist eigentlich lächerlich, ist grotesk: Weil das echte Leben sie nicht herausfordert, weil sie sich in den Medienwelten verirrt und verloren haben, weil sie sich nicht mehr spüren und ihnen alles als Abklatsch vorkommt, suchen sie den definitiven Kick und beanspruchen dafür noch Tragik. Sterben, um zu spüren, dass man lebendig ist – das ist absurd. Und genau das verstehen junge Zuschauer bzw. Leser des Dramas sehr genau, die oftmals mehr von existenziellen und/oder emotionalen Krisen wissen als die Protagonisten. Das Ansinnen der beiden Figuren erzeugt keine Betroffenheit, nur ironische Distanz. Julie und August reihen sich ein in die postmoderne Suche nach dem „Kick", bei dem man z. B. am Bungeeseil mit dem Leben spielt, ohne Sicherung über Abgründen freeclimbt oder sich mit fortgeschrittenen Piercingtechniken wie dem „Suicide" Schmerzen zufügt, nur um sich selbst ganz echt zu fühlen. Julies und Augusts Selbstmordpakt ist die groteske Spitze des Eisbergs eines Phänomens unserer Zeit, in der alles möglich scheint, in der Menschen sich selbstverständlich in virtuellen Welten bewegen und dabei ihre Echtheit nicht mehr erleben. Voller Situations- und Sprachkomik gibt das Drama die Protagonisten und damit auch den Zeitgeist immer wieder der Lächerlichkeit preis, sodass Rezensenten auch von einer „Selbstmörder-Komödie" gesprochen haben.[1]
Außerdem treibt der Autor die Probleme der Protagonisten nicht in die Ausweglosigkeit der Tragödie, sondern bietet eine Lösung an, sodass Julie und August am Ende am Leben bleiben wollen.
Natürlich wird das Drama für Jugendliche interessant, weil sie sich in ihren Welten wiederfinden: im Internet, in der Musik und nicht zuletzt in ihrer Sprache. Die Hauptfiguren des Stückes sind kaum älter. Zugangsbarrieren, die viele andere Texte des Deutschunterrichtes aufrichten, entfallen hier. Dabei ist die Struktur des Stückes gut zu überblicken, die Einheit von Ort, Zeit und Handlung macht es leicht, die Handlung zu verfolgen, und bedient letztlich ganz konventionelle Rezeptionsvoraussetzungen.

---

[1] Vgl. Saarbrücker Zeitung 19./20.02.2005.

Der Unterricht muss deshalb eine Gratwanderung vollziehen, indem einerseits Identifikationsangebote an die gleichaltrigen Zuschauer aufgegriffen werden, aber andererseits die ironische Distanz des Stückes zu den potenziellen Selbstmördern nicht unterschritten wird. Wenn sich Schülerinnen und Schüler in produktiven Methoden den Text aneignen und sich erproben, muss dies immer wieder dazu führen, dass die kritischen Potenziale des Stückes tragen – emphatische Identifikation oder auch das Feiern jugendlicher Plattitüden bzw. Sprachverarmung dürfen nicht unterrichtliches Ergebnis sein. Bauersima riskiert keinen Moment existenzieller Angst, das Spiel bleibt Spiel, da darf der Unterricht nicht ernst machen. So werden textanalytische Verfahren auf produktions- und handlungsorientierte Methoden bezogen.

Das Thema Suizid für sich genommen kann natürlich fächerübergreifend in Kooperation mit Religionslehre, Praktischer Philosophie oder auch Politik vertieft werden. Hier könnten dann ggf. auch stärker als im Deutschunterricht mögliche Ängste und Probleme Heranwachsender fokussiert und natürlich auch präventiv Sinn- und Hilfsangebote vorgestellt werden.

Leitmotivisch soll im Deutschunterricht verfolgt werden, dass die fehlende Authentizität des Lebens, die sich im Begriff „fake" manifestiert, das Problem der Figuren ist, das Bauersima nicht nur vorführt, sondern karikiert – mit Paradoxien, die den Zusammenhang von Form und Inhalt, Denken und Sprechen aufzeigen. Sprachreflexion verweist auf philosophische Skepsis und umgekehrt, auch das muss der Unterricht aufdecken und so die Mehrdimensionalität im Drama erarbeiten. Das Stück gibt deshalb Gelegenheit, postmoderne Kommunikations- und Sprachformen zu reflektieren. Hierzu zählt die Sprache des Internets genauso wie die der Jugendkultur.

Anhand des Stückes lassen sich dramentheoretische Konzeptionen einführen oder auch kontrastierend auffrischen. Hilfreich, wenngleich nicht Voraussetzung, ist es, wenn die Schülerinnen und Schüler ein klassisches Theaterstück und auch das epische Theater Brechts kennen. Mit „norway.today" erhalten junge Menschen einen Zugang zum Gegenwartstheater, der in der Auseinandersetzung mit postmoderner Dramenkonzeption theoretisch fundiert wird.

Sollte das Stück von einer Bühne in der Nähe inszeniert werden, bietet sich ein Theaterbesuch an. Der Gang ins Theater vorab böte die Möglichkeit, unmittelbar die Inszenierung wahrzunehmen, ohne den Text als Korrektiv heranziehen zu wollen. Der Unterricht vertieft dann die Erstrezeption und bezieht die Inszenierung zurück auf den Dramentext. Oft flacht allerdings bei diesem Vorgehen die Motivation ab.

Auch ohne Theaterinszenierung kann die Bühnenwirksamkeit über Verfahren szenischer Interpretation erzielt werden, die in dieses Modell einbezogen werden. Außerdem gibt es einen Mitschnitt der Uraufführung am Düsseldorfer Schauspiel; zwei Szenen finden sich auf einer DVD zum Praxis Deutsch-Heft Nr. 181. Diese DVD ist über den Handel zu erwerben und kann gewinnbringend in Kombination mit diesem Unterrichtsmodell eingesetzt werden, was in den Bausteinen entsprechend berücksichtigt ist.

Die nachfolgende Auflistung verweist auf einschlägige Literatur.

Literatur/Links

- **Igor Bauersima: norway.today. Frankfurt a.M. 2003 [diese Ausgabe wird in diesem Unterrichtsmodell zugrunde gelegt]**
- Martina Born: Selbstmord@Internet. Beiträge und Hintergründe. Jugendliche melden sich zu Wort. Eschborn 2005
- Barbara Burckhardt: Fake ist total real, in: Theater heute, Januar 2001. Siehe auch leicht verändert in: Bauersima, Igor: norway.today, Frankfurt a.M. 2003, S. 186ff.
- Johannes Diekhans/Michael Fuchs: P.A.U.L. D. 10. Persönliches Arbeits- und Lesebuch Deutsch. Schöningh Verlag, Braunschweig/Paderborn/Darmstadt 2009
- Alexandra Freund: Fake ist total real. Das Theater des Igor Bauersima. Kleine Mainzer Schriften zur Theaterwissenschaft. Tectum Verlag, Marburg 2007
- Praxis Deutsch 181: Zeitgenössische Theaterstücke. Friedrich Verlag, Seelze (DVD mit Videoausschnitten sowie Artikeln des Themenheftes)

Klausurvorschläge finden sich im Zusatzmaterial 6–8, S. 111ff.

Konzeption des Unterrichtsmodells

Angesichts des geringen Schwierigkeitspotenzials kann das Stück bereits in 10. Klassen gelesen werden. Hierzu macht das Unterrichtswerk P.A.U.L. D. 10[1] auch einen interessanten Vorschlag, bei dem im Unterschied zur Handlungsabfolge des Stückes das Ende direkt an die Szene im Chatroom angefügt wird. Gemeinsam wird nach Gründen gesucht, warum die Hauptfiguren sich dann doch nicht umbringen, bevor der „Hauptteil" des Stückes in Auszügen erarbeitet wird. Damit wird auch – für diese Altersstufe angemessen – gewährleistet, dass das Stück auf jeden Fall unter dem Vorzeichen einer Lebensbejahung rezipiert wird.

Will man allerdings das philosophische und sprachkritische Potenzial des Stückes ernst nehmen und ergründen, dann ist das Werk Stoff für die Oberstufe. Hier kann das Schauspiel auch in den Horizont von dramentheoretischen Konzeptionen gestellt werden.

Die Progression dieses Modells folgt sukzessive den Szenen bzw. verfolgt den Spannungsbogen der Geschichte zwischen Julie und August. Damit braucht das Unterrichtsvorhaben keine Vorbereitungszeit – es soll ausdrücklich darum gebeten werden, dass alle die vereinbarten Dramenabschnitte sukzessive lesen und keiner das Ende des Stückes vorwegnimmt. Hier wird deshalb auch empfohlen, nicht vorab eine Inszenierung am Theater zu besuchen, sondern dies nach Möglichkeit zum Abschluss der Unterrichtseinheit anzubieten. Sollte aufgrund der Kürze des Dramas die Variante bevorzugt werden, dass der Unterricht das gesamte Drama als gelesen voraussetzt, würde dieser sich aspektorientiert einzelnen Szenen bzw. Fragestellungen zuwenden und die Lehrkraft dementsprechend aus den folgenden Bausteinen auswählen. Unterrichtsimpulse, die Vermutungen hinsichtlich der Handlungsprogression abrufen, entfallen dann.

Baustein 1 bietet verschiedene Möglichkeiten der Annäherung an den Text bzw. an die Suizidthematik an. Es empfiehlt sich, je nach gewünschter Schwerpunktsetzung auszuwählen, wobei der Entstehungsimpuls des Dramas, der historische Fall des vollzogenen Selbstmordes in Norwegen, unbedingt berücksichtigt werden sollte. Ansonsten werden problemorientierte bzw. assoziative Hinführungen angeboten, die bereits auf die spezielle Motivation zum Suizid der Hauptfiguren abzielen und bewusst nicht den Suizid als solchen thematisieren wollen.

Der **Baustein 2** beschäftigt sich mit den ersten drei Szenen. Hier sollen sich die Schülerinnen und Schüler mit den Charakteren befassen, deren Motivation für den Selbstmordpakt erarbeiten sowie kritisch reflektieren und die Entwicklung in der Beziehung von Julie und August verfolgen. Die Auseinandersetzung mit der Wahl des Chatrooms als Bühnen- und gleichzeitig Kommunikationsraum soll die sprachkritische Dimension des Stückes fokussieren.
Mit dem Vergleich von Standbildern zur Beziehungskonstellation der Protagonisten wird die Peripetie in der Dramaturgie augenfällig.

Der **Baustein 3** bietet Module zur Vertiefung des Bausteins 2 an. Je nach Zeitbudget kann hier die philosophische und sprachkritische Dimension – für sich genommen oder im Zusammenhang betrachtet – aufgedeckt werden. Das Paradoxon verweist als Sprachfigur auf ein existenzielles Wahrnehmungsdilemma, das namhafte Philosophen bzw. Aphoristiker erörtern. Gleichzeitig wird damit die Figur August fassbarer, der sich mit Zitaten schmückt

[1] Johannes Diekhans/Michael Fuchs: P.A.U.L. D. 10. Persönliches Arbeits- und Lesebuch Deutsch. Schöningh Verlag, Braunschweig/Paderborn/Darmstadt 2009

und zum Sprachrohr der von ihm ausgewählten Vordenker macht. Weil dabei das Stück bei allen geäußerten Lebenszweifeln eben auch viele komische Elemente aufweist, folgen Erläuterungen zum Wesen des schwarzen Humors und zur Groteske.

Baustein 4 behandelt die aufkeimende Liebesbeziehung als retardierendes Moment sowie das Ende des Stückes, an dem die Figuren von ihrer Selbsttötungsabsicht buchstäblich zurücktreten. Aus einer Vielzahl von Unterrichtsanregungen kann im Sinne einer eigenen Schwerpunktbildung ausgewählt werden. Wiederum gibt das Stück hier Anlass zur vertiefenden Sprachreflexion, indem die Schlüsselbegriffe „echt" und „fake" mehrdimensional verwendet werden und übersetzt werden sollen. Am Schluss muss natürlich die Frage nach dem vermeintlichen Happyend stehen, warum die beiden jungen Menschen also leben wollen, die doch so haarscharf am tragischen Abgrund standen.

Der **Baustein 5** stellt das Stück in den Zusammenhang mit anderen dramentheoretischen Konzeptionen der Vergangenheit und Gegenwart, welche durch die Erarbeitung von Sekundärtexten wiederholt, ggf. auch eingeführt werden. Der Bezug des Epochenbegriffes „Postmoderne" auf die Literatur wird kritisch reflektiert und das Drama in den literaturgeschichtlichen Kontext gestellt. Außerdem wird die Rezeption des Stückes berücksichtigt, indem auf Theaterrezensionen und Inszenierungsmöglichkeiten eingegangen wird.

In den **Zusatzmaterialien** finden sich Materialien zur problemorientierten Vertiefung der Wirkung des Internets auf seine User, Optionales als Ergänzung zu den verschiedenen Bausteinen, insbesondere Texte zur Dramentheorie und zum Theater des Igor Bauersima. Des Weiteren sind Klausurvorschläge aufgenommen.

Die thematischen Bausteine des Unterrichtsmodells

Baustein 1

Mögliche Einstiege in die Reihe

Im Rahmen dieses Bausteins werden verschiedene Möglichkeiten der Hinführung zur Erarbeitung des Dramas angeboten. Minimalprogramm sollte die Durchführung von 1.2 sein, indem der authentische Fall, der Bauersimas Auftragsarbeit inspiriert hat, zugrunde gelegt und reflektiert wird.

1.1 Internet virtuell erleben

August und Julie sind an der Virtualität der heutigen menschlichen Existenz lebensmüde geworden. Sie spüren sich nicht mehr, haben sich verloren, empfinden das Leben als „fake", weil sie nicht mehr wissen, was real ist. Sie treffen sich im Chatroom, zwei verlorene Kinder der „Generation Internet". Was macht die Anziehungskraft des Mediums aus? Welche Nutzungsgewohnheiten führen zu dem Verlust des Lebensgefühls?
Diese medienkritische Einstiegsvariante problematisiert Nutzungsgewohnheiten und -motive des Internets, sodass das Stück vor diesem Hintergrund rezipiert werden kann.
Den Auftakt bildet eine individuelle Schülerbefragung, für die das **Arbeitsblatt 1**, S. 28, verwendet werden kann. Alternativ kann man auch die Schülerinnen und Schüler selbst einen Fragebogen entwerfen lassen.

- *Beantworten Sie den Fragebogen zu Ihren Nutzungsgewohnheiten des Internets.*

Anschließend werden die Ergebnisse in Kleingruppen ausgetauscht und zusammengefasst. Ein Gruppensprecher soll das Gruppenergebnis dann dem Plenum vorstellen.
Die Gruppenergebnisse werden reihum vorgestellt; dabei kann begleitend ein Klassenergebnis auf Folie festgehalten werden.
Eine kritische Reflexion der Nutzungsgewohnheiten des Internets schließt sich an: Die Ergebnisse werden beurteilt. Nutzungsvorlieben und -gefahren sind dabei aufeinander zu beziehen.
Die Überleitung zum Stück kann erfolgen, indem auf einen sehr speziellen Nutzungszusammenhang verwiesen wird, nämlich das Aufsuchen von Suizidforen. Hier würde dann 1.2 unmittelbar anknüpfen.
Als Vertiefung könnte hier auch auf das Spiel „Second Life" verwiesen werden. Hierzu dient das **Zusatzmaterial 1**, S. 102.

Wer die Chancen und Risiken des Internets an sich problematisieren will, kann das Interview mit Neil Postman – **Zusatzmaterial 3**, S. 105 einsetzen. Dieses sollte dann vor der Befragung zu den eigenen Nutzungsgewohnheiten eingesetzt werden. Hierzu noch ein Vorschlag der Erarbeitung von Argumenten in arbeitsteiliger Gruppenarbeit: Die Gruppen 1 und 2 werten das Interview aus, 3 und 4 setzen sich mit dem Medium aus heutiger Perspektive auseinander.

- **Gruppe 1:** Was sind die Vorteile des Mediums Internet? Arbeiten Sie aus dem Text alle angedeuteten Pro-Argumente heraus. Schreiben Sie je ein Argument auf einen grünen Zettel (groß und leserlich schreiben).
- **Gruppe 2:** Was sind die Gefahren des Mediums Internet? Arbeiten Sie aus dem Text alle angedeuteten Kontra-Argumente heraus. Schreiben Sie je ein Argument auf einen roten Zettel (groß und leserlich schreiben).
- **Gruppe 3:** Welche weiteren Vorteile des Mediums Internet fallen Ihnen noch ein? Schreiben Sie je ein Argument auf einen grünen Zettel (groß und leserlich schreiben).
- **Gruppe 4:** Welche weiteren Nachteile des Mediums Internet fallen Ihnen noch ein? Schreiben Sie je ein Argument auf einen roten Zettel (groß und leserlich schreiben).

Die Zettel werden anschließend in den Rubriken Pro und Kontra an einer Magnettafel aufgehängt und besprochen.

1.2 Selbstmord@online

Diese Einstiegsvariante beginnt mit dem Pressetext, der Bauersima zu „norway.today" inspiriert hat. Der Stoff des Stückes ist der vereinbarte Selbstmord, den zwei junge Menschen Anfang 2000 gemeinsam begangen haben. Bemerkenswert an diesem Fall ist u. A., dass die beiden, ein norwegischer Computer-Freak und eine Österreicherin, sich vorher nicht persönlich gekannt haben, sondern sich in einem Selbstmordforum online begegnet sind und verabredet haben. Sie treffen sich in Oslo und stürzen sich vom „Prekestolen" in den Tod. Das **Arbeitsblatt 2**, S. 29 liefert Textauszüge bzw. Bildmaterial zu diesem authentischen Hintergrund.
Durch diese wahre Begebenheit ist die Existenz der Selbstmord-Foren erst Gegenstand einer öffentlichen Diskussion geworden. Dabei stehen die Gefahren zunächst im Vordergrund. Es wird behauptet, dass durch den Besuch solcher Foren die Hemmschwelle zum Selbstmord deutlich herabgesetzt werde. Außerdem könne eine suchtartige Abhängigkeit entstehen, ein „Sog" in den Tod. Dieser Beurteilung schließen sich auch die Autoren des 2001 im SPIEGEL erschienenen Artikels „Let it be" an (s. **Arbeitsblatt 3**, S. 30). Auch Bauersima selbst, der recherchiert und dabei viele dieser Internetseiten aufgesucht hat, konstatiert: „Da gibt's Sachen, die sind absurd entsetzlich, ganze Sites, die dazu da sind, Leute in den Tod zu treiben."[1] Ende 2002 wird ein Tatort zum Thema ausgestrahlt mit dem Titel „1000 Tode". Der SPIEGEL-Artikel ist in der Darstellung der Foren wenig ausgewogen, veranschaulicht aber an einem weiteren Fallbeispiel, wie User ihren Selbstmord aufwendig planen, auch zur Selbstdarstellung nutzen und inszenieren, was Kritik, mindestens Distanz provoziert. 2005 erscheint dann das Buch von Martina Born „Selbstmord@Internet", das die Diskussion differenziert aufgreifen will. Born stellt verschiedene Theorien zur Suizidalität sowie Beurteilungen der Internetforen dar und lässt Betroffene selbst zu Wort kommen. Sie zeigt auch Chancen der Selbstmordforen auf, Selbsthilfe durch Kommunikation, Hilfe durch andere, Ausbruch

[1] In: Theater heute 01/2001, S. 44

aus der Isolation. Die Nachahmungswirkung wird zurückgewiesen, wobei Born den Moderatoren und Administratoren solcher Foren eine große Verantwortung zuspricht, welche in dem Beispiel aus dem SPIEGEL-Artikel von dem „Master" deutlich nicht wahrgenommen wird.

Anders als im SPIEGEL-Artikel oder auch in Borns Buch geht es Bauersima jedoch nicht um die individuellen Problemlagen Suizidgefährdeter, die in den Lebensgeschichten der jungen Menschen meist schon sehr früh angelegt sind (vgl. M. Born, **Zusatzmaterial 2**, S. 103). Ihn fasziniert an dem Fall die Macht des Mediums Internet, das als zweite Realität neben die Wirklichkeit tritt und diese aushöhlt.

Ähnlich, wie Bauersima sich seinem Stoff angenähert hat, sollen die Schülerinnen und Schüler mit dem Phänomen der Existenz und Wirkung von Internet-Selbstmordforen bekannt gemacht werden und ggf. auch eigenes Wissen einbringen. Anders als Bauersima sollen sich Schülerinnen und Schüler allerdings nicht selbst online auf die Suche begeben – verhindern kann man das aber nicht[1], was für gefestigte Jugendliche auch keinerlei Nachwirkungen haben dürfte. Der Artikel aus dem SPIEGEL (**Arbeitsblatt 3**, S. 30) bzw. der Auszug aus dem Buch von M. Born (**Zusatzmaterial 2**, S. 103) sorgen für Distanz und liefern ausreichend Informationen. Das Phänomen des Suizids an sich soll ausdrücklich nicht fokussiert (vgl. Vorüberlegungen zum Einsatz des Dramas im Unterricht), sondern der reale Hintergrund des Stückes einbezogen und reflektiert werden.

Der Unterricht beginnt mit der Wahrnehmung des Pressetextes (vgl. **Arbeitsblatt 2**, S. 29), der Bauersima zu dem Stück inspiriert hat. Gemeinsam wird vermutet, was den Autor an dieser Meldung interessiert haben könnte. Vermutlich werden die Schüler auf die Frage verweisen, was denn die beiden Selbstmörder zu diesem finalen Schritt bewogen haben könnte. Der Zeitungsartikel selbst gibt dazu keine Informationen. Über die tatsächlichen Gründe ist im Übrigen nichts weiter bekannt geworden. Die Abbildung des Prekestolen dramatisiert die Nachricht – es wird anschaulich, wie verzweifelt man sein muss, sich hier in die Tiefe zu stürzen, oder aber auch, an welchem spektakulären Ort mit metaphysischem Namen zwei junge Menschen ihren Abgang inszenieren. Gleichzeitig entsteht eine Metapher: sich am Abgrund des Lebens befinden. Das Unterrichtsgespräch wird dann sowohl die Frage nach Suizidmotiven an sich, aber auch das Phänomen der Internetforen aufgreifen. Das Internet bietet den Schutz der Anonymität, die Forenteilnehmer verstecken sich hinter Nicknames. Man kann gleichermaßen mit Lebenszweifeln und drastischen Planungen kokettieren oder aber auch ernst machen, wenn eine Krisenintervention bewusst ausgeschlossen werden soll. Im Gespräch können die Begrifflichkeiten differenziert werden:

Selbstmord, als abwertend in christlicher Tradition stehend;

Suizid, als fremdsprachlicher Ausweichbegriff, der mit „Selbsttötung" neutral bleibt;

Freitod, obwohl angezweifelt werden kann, dass dieser letzte Schritt ein Ausdruck eines freien Willens ist.[2]

Martina Born verwendet die Begriffe nicht trennscharf, eher synonym.

Mögliche Impulse können sein:

- *Was könnte Bauersima an dieser Nachricht interessiert haben?*
- *Welche Gründe könnten diese beiden jungen Menschen angetrieben haben, auf diese Weise ihren Selbstmord zu planen und schließlich auszuüben?*
- *Warum haben sich die jungen Selbstmörder wohl diesen Ort ausgewählt?*
- *Wo und wie wird sich der lebensmüde Norweger im Internet an Gleichgesinnte gewandt haben?*

[1] Hilfe bietet die Telefonseelsorge oder das Kinder- und Jugendtelefon. Die Telefonseelsorge ist auch online vertreten.

[2] Vgl. Born, S. 88.

- *Warum wird für so eine tödliche Bekanntschaft bzw. Verabredung das Medium Internet gewählt?*

Das Unterrichtsgespräch wird durch die Erarbeitung des SPIEGEL-Artikels „Let it be“ (**Arbeitsblatt 3**, S. 30) vertieft:

- *Tragen Sie Informationen über die Selbstmordforen zusammen, indem Sie Randnotizen anbringen, die Sie dann als Antworten auf W-Fragen auswerten.*
- *Ermitteln Sie, welche Absichten die Verfasser mit ihrem Bericht verfolgen.*
- *Optional: Vergleichen Sie die Ergebnisse mit der Bewertung der Foren durch Martina Born (Zusatzmaterial 2).*

Methodisch wird die Sachtext-Analyse geübt, indem Randnotizen angebracht werden, die anschließend in Form von Antworten auf W-Fragen ausgewertet werden. Dieser zweite Schritt sollte mindestens in Partnerarbeit, wenn nicht in Kleingruppen erfolgen. Ergebnisvorschläge werden exemplarisch auf Folien bzw. Flipcharts vorgestellt und verglichen.
So könnte eine mögliche Lösung der Arbeitsaufträge aussehen:

Suizid-Foren im Internet

Wer?	• 14–19-Jährige • ca. 700 Stamm-Poster • ernsthaft Suizid-Gefährdete, aber auch Gelegenheitsbesucher
Was?	• Internet-Plattform • Selbstmordanleitungen • Chatten über Suizid-Gedanken
Warum?	• Zweifel am Sinn des Lebens • Spaß, sich über Alltagsfrust auszutauschen • Suchtwirkung des Chats • ungesteuerter Medienkonsum
Welche Folgen?	• Nachahmungsgefahr („Sog“) • sektenähnliche Verschworenheit/Gruppendruck • Dynamisierung des Vollzugs vor Publikum

Auf die inhaltliche Auswertung folgt die kritische Stellungnahme im Unterrichtsgespräch:

- *Beurteilen Sie „User“ und „Master“ dieser Foren.*
- *Welche Absichten verfolgen die Verfasser mit ihrem Artikel? Nehmen Sie Stellung.*

Möchte man dem Phänomen der Foren, aber auch der Suizidmotive gerechter werden, ermöglicht der Auszug aus Martina Borns Buch auf dem **Zusatzmaterial 2**, S. 103 einen differenzierteren Blick.

- *Beurteilen Sie die Gefährlichkeit solcher Online-Foren.*

1.3 Antizipationen zur Handlung

Anhand von Überschriften von Rezensionen zum Stück kann an den „Aufhänger" des Stückes, die Pressemeldung über den verabredeten Selbstmord, angeknüpft und die Handlung des Stückes antizipiert werden. Da die Schlagzeilen teilweise auch einen positiven Ausgang suggerieren, wird dem tragischen Stoff die Schwere genommen. Andererseits nimmt man dadurch natürlich die Spannung auf den Ausgang des Stückes aus dem Lese- und Erarbeitungsprozess. Hier gilt es abzuwägen.

Überschriften von Rezensionen zum Stück[1]

Vor dem Tod das Lächeln einer Nacht.

Ins Leben stürzen.

Am Abgrund.

Die Jugend ringt mit dem Leben.

Der Weg zurück ins Leben.

■ *Diese Schlagzeilen sind Überschriften von Rezensionen zu Aufführungen des Stückes. Prüfen Sie, ob diese Rückschlüsse auf die Handlung und das Ende des Schauspiels zulassen.*

1.4 Suche nach dem Kick: das Echte fühlen

Mit diesem Einstieg wird Julies und Augusts Todessehnsucht in den gesellschaftlichen Kontext der Suche nach Extremerfahrungen gestellt.
Sorgte das Errichten einer Bungeesprunganlage in den 1990er-Jahren noch für viel Aufsehen, so ist dieser „Thrill" mittlerweile um eine breite Palette von Freizeitangeboten bzw. Urlaubsaktivitäten ergänzt. Ob Freeclimbing, Rafting oder Canyoning, der „Stadtmensch" sucht Grenzerfahrungen auf, um sich zu spüren, um Hormone freizusetzen, die Angst- und Glücksgefühle befördern. Die Annehmlichkeiten eines modernen Lebens verlangen dem menschlichen Körper im Alltag offenbar zu wenig ab. Langeweile, Zivilisationsmüdigkeit stellen sich ein.
Anstatt die Sicherheit einer technisierten Existenz zu genießen, begibt sich der Mensch freiwillig in lebensbedrohliche und archaische Situationen, ja kauft sich das evolutionsgeschichtlich überwundene Risiko in Form von Freizeitangeboten zurück.
In der sogenannten „Jugendkultur" finden sich ähnliche dekadente Phänomene: S-Bahn-Surfen, Autorennen, Komasaufen – „feiern, bis der Arzt kommt", manchmal auch der Leichenwagen. Dahinter scheint mehr zu stecken als eine Variante der Mutprobe oder von Initiationsriten. „Aus so 'nem Fake wie hier tret ich easy ab. Schon heute Abend, wenn's sein muss", sagt August zu Julie im Chatroom (S. 15).
Bevor die Schülerinnen und Schüler die beiden Protagonisten des Stückes kennenlernen, sollen sie in diesem Einstieg den Zusammenhang von Todessehnsucht und Zivilisationsmü-

[1] zitiert nach P.A.U.L. D. 10, S. 193

digkeit reflektieren. Gleichzeitig wird so Distanz zur Problematik der Suizidgefährdung hergestellt, die in diesem Stück eher dekadent erscheint, als dass wirkliche Betroffenheit über individuelle existenzielle Verzweiflung entsteht. Julies und Augusts Geschichte erscheint dann als Zuspitzung einer postmodernen Suche nach der Selbsterfahrung im Extremen, die die kritische Aussageintention von „norway.today" deutlich macht: Die medial vermittelte Welt hält vom Leben ab, ist „fake". Gleichzeitig wird auch deutlich, dass der Abgrund, das Extreme, zwar für die beiden Protagonisten der Augenöffner ist, aber dass der Weg ins Leben der beiden ein grotesker Umweg ist – so wie eben auch manche Suche nach dem ultimativen „Kick".

Eine grundsätzliche Alternative könnte sein, diesen Einstieg am Ende der Erarbeitung des Stückes zu realisieren, um den gesellschaftskritischen Transfer herzustellen.
Der Unterricht wird durch einen Schreibimpuls zu einer Abbildung von einem Bungeesprung eröffnet und dann (optional) durch eine Textanalyse vertieft.
Die Bildbetrachtung (vgl. **Arbeitsblatt 4**, S. 32) beginnt mit Assoziationen, die gelenkt werden könnten durch einen kurzen Schreibauftrag, indem die Schülerinnen und Schüler den Springer laut denken lassen. Interessant ist es auch, dieses Bild mit dem Foto vom Prekestolen (vgl. Arbeitsblatt 2) zu kontrastieren.

- *Was denkt der Bungee-Springer vor seinem Absprung? Verfassen Sie einen möglichen inneren Monolog.*

Die Artikulation möglicher Gedanken des Springers führt das Unterrichtsgespräch einerseits zu der Frage, was diese Extremerfahrung ausmacht, und andererseits zu der Ergründung des Phänomens:

- *Was passiert psychisch und physisch bei einem Bungeesprung?*
- *Warum machen Menschen so etwas? Nennen Sie Beispiele für vergleichbare Extremerfahrungen.*

Die Motive, einen Bungeesprung oder ähnliche Grenzerfahrungen auszuprobieren, sollen gesichert werden (vgl. folgendes Tafelbild). Dies kann entweder spontan oder in Anlehnung an die Analyse des SPIEGEL-Artikels „Erotik des Rausches" erfolgen. Dabei wird der Fokus anschließend auf die Suche nach dem „Kick" junger Menschen gelegt.
Die Auswertung des Textes anhand der folgenden zwei Arbeitsaufträge erfolgt in Einzelarbeit, die in Partnerarbeit mündet.

- *Welche Motive werden im Text genannt, Extremerfahrungen aufzusuchen?*
- *Auch junge Menschen suchen nach dem „Kick". Welche Phänomene fallen Ihnen dazu ein? Was sind die Gründe von Jugendlichen?*

Die Ergebnisse können wie folgt in einem Tafelbild zusammengefasst werden:

Bis an die Grenzen gehen: der „Kick" durch Extremerfahrungen

- Flucht vor der Langeweile des Alltags
- Ausschüttung von Adrenalin und Endorphinen: Glücksgefühle
- fehlende körperliche Herausforderungen
- Mutprobe
- Gruppendruck

Zivilisationsmüdigkeit: Sicherheit, Bequemlichkeit der technischen Errungenschaften bringen den modernen Menschen um Selbsterfahrung und Abenteuer

Das Erarbeitete wird dann mit Aussagen von August kontrastiert, der als Protagonist des gemeinsam zu lesenden Theaterstückes hiermit eingeführt wird.
Das Zitat ist dem **Arbeitsblatt 5**, S. 34 *zu* entnehmen, das auf Folie kopiert projiziert wird. Ein Gespräch schließt sich an, das sowohl Augusts Zitat reflektiert als auch den Vergleich zum Sachtext aus dem Spiegel herstellt.

- *Was kritisiert August am Leben, welche Momente schätzt er?*
- *Stellen Sie einen Zusammenhang zu dem Phänomen der Suche nach Extremerfahrungen her.*

Sollte die Einstiegsvariante 1.1 durchgeführt worden sein, kann auch nach dem Einfluss der neuen Medien in diesem Problemzusammenhang gefragt werden.
Abschließend soll die Suche nach dem „Kick" problematisiert werden, dabei kann auch schon August als Prototyp eines jungen Menschen, dem das Leben nicht ausreicht, in den Blick genommen werden:

- *Sich selber spüren. Glücksgefühle empfinden. Abenteuer erleben. Welche anderen Möglichkeiten empfehlen Sie, wenn man keine Extremerfahrungen wie beispielsweise Bungeespringen aufsuchen will?*

Hierzu können auch Satzanfänge ergänzt werden, die in Form eines Schreibgesprächs auf Plakate geschrieben werden:

Man kann Abenteuer erleben, wenn ...

1.5 Videodokus: Das Leben festhalten?

Dieser Einstieg knüpft an die Interaktion von Bühnenspiel und Videoprojektion an, die das Stück vorsieht und die in den verschiedenen Inszenierungen auch umgesetzt wurde und wird. Dabei ist das Theatermittel auch Inhalt, denn August, der Videoexperte, bemüht sich um das ultimative Abschiedsvideo in der Grundannahme, dass sich die Realität dokumen-

tieren lässt. Aber die Aufnahmen wirken falsch, die wiederholten Anläufe der Protagonisten sind zum Scheitern verurteilt, sodass endlich die Videobänder dem Abgrund überantwortet werden, während das echte Leben weitergeht.
Diese Erfahrung kann mit diesem Einstieg vorweggenommen werden. Wenn man das Filmen in seiner zentralen Rolle fokussieren möchte, kann man es auch unterrichtsbegleitend als Analysemethode einsetzen: Dann wären etwa Porträts der Protagonisten, szenische Anspiele, Textergänzungen eben nicht nur in Textform zu dokumentieren (Lesetagebuch), sondern als filmische Dokumentation der Auseinandersetzung mit dem Drama festzuhalten.
Bei diesem Einstieg sollen sich die Hobbyfilmer zunächst über ihre Erfahrungen austauschen, welche Anlässe sie wie filmisch festgehalten haben. Interessant wird die Frage sein, wie sie und das Publikum das Resultat empfunden und bewertet haben.
Die Erfahrung von Julie und August ließe sich vorwegnehmen, wenn die Schülerinnen und Schüler versuchen, ein kurzes Selbstportrat filmisch festzuhalten.
Nach der Präsentation werden die Ergebnisse reflektiert:

- *Welche Möglichkeiten, welche Grenzen des Dokumentationsmediums werden deutlich?*

Die Überleitung zum Stück kann durch die kurze Information hergestellt werden, dass die Protagonisten mit der Kamera im Handgepäck nach Norwegen reisen.

1.6 Reinhören: Musikalischer Prolog

Bauersima stellt seinem Stück quasi als Prolog das Stück „Wouldn't it be nice" von den Beach Boys voran (S. 9). Bei der Uraufführung wurde der Song auch als Auftakt für die Inszenierung eingespielt.
Das musikalische Zitat fügt sich in Bauersimas Spiel mit Film-, Aphorismen- und eben Musikzitaten ein und ist doch herausgehoben. Die Wahl des Stückes mag befremden, scheint doch die unbeschwerte Sommer-Surfmusik so gar nicht zu der Winterlandschaft der Suizidgedanken zu passen. Es sei denn, die letzten beiden Liedverse werden als Todesmetapher interpretiert und die Liebenden flüchten vor dem Irrealis in den ewigen Schlaf – was sich so gar nicht in den Stil der Musik der Beach Boys einfügen würde. So wird dieser Auftakt alle diejenigen Zuschauer überraschen, die sich vorab über die Handlung informiert haben bzw. alle anderen auf jugendliche Unbeschwertheit und den Traum von der ewigen Liebe einstimmen. So entsteht ein Kontrast zur Eröffnungsszene des Stückes, zum Chat im Selbstmordforum, doch gleichzeitig bleibt der Song unterlegt und macht die „Coolness", ja Abgebrühtheit der beiden Chattenden suspekt. Dass die Protagonisten den Umweg über den tödlichen Abgrund gehen müssen, um ihre wirklichen Wünsche artikulieren zu können, zeigt der Fortgang der Handlung. So wie im Song träumen Julie und August dann in der Nachtszene von Intimitäten im Konjunktiv: „Und ich würde dich also küssen ..." (46). In Gedanken verlassen sie das Zelt in eine andere Welt der Gemeinsamkeit, „wouldn't it be nice". So verlagert der musikalische Prolog die verabredete Endlichkeit ins Hypothetische, sodass der Song auch als Epilog fungieren könnte. Mit Blick auf die Entwicklung der Protagonisten ist also der Song sehr wohl programmatisch, auch wenn er zunächst deplatziert wirken könnte.
Die Spannung zwischen Song und Thematik des Stückes kann auch in einem Einstieg aufgegriffen werden. Hierbei wird 1.2 vorausgesetzt, sodass der Lerngruppe der Stoff des Schauspiels bekannt ist. Die Schülerinnen und Schüler sollen eine „Mottomusik" für das Stück auswählen und werden wahrscheinlich eher dunkle, rebellische Songs auswählen und vorstellen. Durch diese Aufgabe setzen sie sich sowohl vertieft mit der Thematik bzw. deren

Inszenierung im Theaterraum auseinander als auch mit der Situation eines Autors, der ein Stück als Auftragsarbeit angenommen hat. Vielleicht werden aber auch Stücke vorgestellt, die eine ähnliche Spannung zur Problematik erzeugen wie das Beach-Boys-Stück.
Ausgehend von den Schülerideen wird dann der Songtext besprochen und reflektiert. Dabei wird der zunächst befremdende Kontrast zum Anfang des Stückes fassbar und klärungsbedürftig.

- *Bauersima sucht für sein Stück einen musikalischen Auftakt, der einen Erwartungshorizont aufreißt und leitmotivisch für die Handlung sein kann. Der Autor hat Sie beauftragt, passende Musik und Songtexte zu finden. Wählen Sie entsprechend aus.*

Die Musikstücke und/oder Songtexte werden im Unterricht vorgestellt, die potenzielle Wirkung auf den Zuschauer wird erprobt und deren Wahl begründet.

- *Welche Überlegungen zur Auswahl des Musikstückes haben eine Rolle gespielt?*
- *Sie sitzen im Zuschauerraum und hören dieses Musikstück. Welche Erwartungen, Assoziationen werden geweckt?*

Anschließend wird das Stück der Beach Boys vorgespielt/vorgestellt (vgl. **Arbeitsblatt 6**, S. 35). Der Songtext kann wahlweise übersetzt werden oder aber zusätzlich in Übersetzung (rechter Teil des Arbeitsblattes) dargeboten werden.

- *Bauersima hat diesen Auftakt gewählt: Sie sitzen also im Zuschauerraum und hören dieses Musikstück. Welche Erwartungen, Assoziationen werden geweckt?*

Wenn der Songtext genauer wahrgenommen werden soll, ließe dieser sich z. B. in Form eines Ideensterns erarbeiten:

- *Welche Wünsche werden in dem Song artikuliert? (Ggf.: Erstellen Sie einen Ideenstern).*

Optional können die Antworten auch in einem Tafelbild gesichert werden:

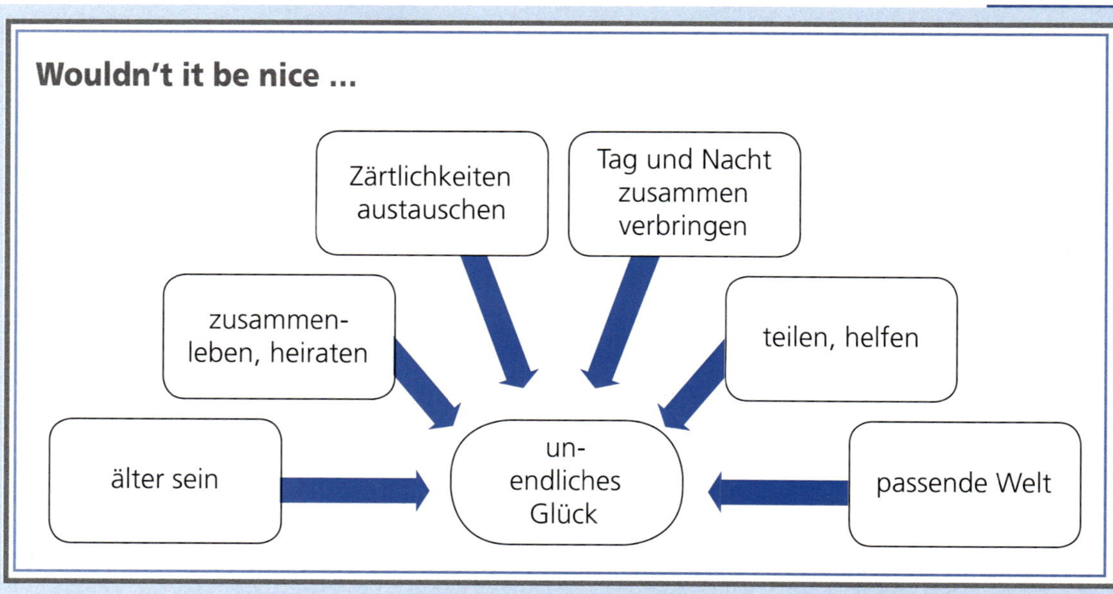

Anschließend wird über die Funktion des Musikstückes nachgedacht: Dazu werden die Vorstellungen abgefragt, wer solche Wünsche artikulieren könnte. Dabei wird vermutlich der Irrealis umgekehrt: junge Menschen, frisch verliebt, zu Heimlichkeiten gezwungen von gesellschaftlichen Konventionen.

- *Wer artikuliert diese Wünsche? Tauschen Sie sich über Ihre Vorstellungen aus.*
- *Welche Erwartungen weckt der Song in Hinblick auf die Protagonisten und die Handlung des Stückes?*
- *Vergleichen Sie Bauersimas Wahl mit den von Ihnen ausgewählten Songs.*
- *Stellen Sie das Musikstück von den Beach Boys in den thematischen Zusammenhang des Dramas.*

Jetzt ist zusätzlich Spannung aufgebaut, wie Bauersima seine erste Szene gestaltet, welche Protagonisten auftreten und welche Probleme diese haben. Es folgt der Baustein 2.

Notizen

Fragebogen zur Nutzung des Internets

Füllen Sie den Fragebogen aus.

A Nutzungsdauer:	Keine tägliche Nutzung	<30 Min.	1 h	> 1h
Wie viel Zeit verbringen Sie schätzungsweise täglich im Internet (Durchschnittswert bilden)?	☐	☐	☐	☐

B Zu welchem Zweck nutzen Sie das Internet?	nie	selten	manchmal	regelmäßig
1. Informationsbeschaffung, z. B. Informationen für Referate, Hausaufgaben, Lernen für Arbeiten ...	☐	☐	☐	☐
2. Kommunikation mit anderen, z. B. E-Mail oder Chat-Foren ...	☐	☐	☐	☐
3. Onlinespiele	☐	☐	☐	☐
4. Filme herunterladen	☐	☐	☐	☐
5. Musik herunterladen	☐	☐	☐	☐
6. Programme herunterladen	☐	☐	☐	☐
7. Einkauf, z. B. Online-Shops, *ebay* ...	☐	☐	☐	☐
8. Informationen über Freizeitveranstaltungen, z. B. Kino, Partys ...	☐	☐	☐	☐
9. Nachrichten des Tages aus Politik, Sport ...	☐	☐	☐	☐
10. Sonstiges: ______________________ (bitte ergänzen)	☐	☐	☐	☐
Welche drei Nutzungsbereiche (1–10) sind die wichtigsten?				

C Welche Gefahren des Internets sehen Sie?	zu vernachlässigen	mäßig gefährlich	gefährlich	sehr gefährlich
1. Sicherheitsprobleme, Datenmissbrauch	☐	☐	☐	☐
2. Betrug: „Copy and paste" – Internetquellen werden als Eigenes ausgegeben	☐	☐	☐	☐
3. Zeitverschwendung	☐	☐	☐	☐
4. Isolation, fehlende direkte Kontakte	☐	☐	☐	☐
5. Aggression	☐	☐	☐	☐
6. Vernachlässigung des wirklichen Lebens – Leben in virtueller Ersatzwelt (Eskapismus)	☐	☐	☐	☐
7. Sonstiges: ______________________ (bitte ergänzen)	☐	☐	☐	☐

Der Selbstmord-Fall

Am 24. Februar 2000 meldete Associated Press aus Oslo, dass sich zwei junge Leute, beide um die zwanzig, an der norwegischen Küste aus sechshundert Metern in den Lysefjord gestürzt haben. Der lebensmüde Mann hatte zuvor über das Internet Gleichgesinnte für einen gemeinsamen Selbstmord gesucht, woraufhin sich eine Österreicherin gemeldet hatte, die mit ihm in den Tod sprang. Der Felsen, von dem das geschah, ist ein beliebtes Ausflugsziel namens „Prekestolen“: Predigtstuhl. „Ein Verbrechen ist auszuschließen, auch gibt es keine Hinweise auf einen Unfall“, wurde der örtliche Polizeichef zitiert: „Ziehen Sie Ihre eigenen Schlüsse.“

Igor Bauersima

Der Schriftsteller und Theaterregisseur Igor Bauersima soll ein Schauspiel als Auftragsarbeit schreiben. Er stößt bei Recherchen auf die Meldung der Presseagentur über den doppelten Selbstmord und nimmt diese zum Anlass für das Stück.

- *Was könnte ihn an dieser Nachricht interessiert haben?*

Der „Predigtstuhl“, ein beliebtes Ausflugsziel in Norwegen

Let it be

Von Irina Repke, Peter Wensierski, Felix Zimmermann

Unbemerkt von ihren Eltern holen sich Heranwachsende in Internet-Foren Anleitungen zum Selbstmord. Minderjährigen werden tödliche Medikamente angeboten, Fachleute sind alarmiert. Doch deutsche Behörden sehen wenig Anlass zum Handeln. [...]

Zum ersten bekannt gewordenen, übers Netz verabredeten Todes-Rendezvous kam es im Februar vorigen Jahres. Daniel V., 24, ein norwegischer Computerfreak, und die Österreicherin Eva D., 17, hatten sich via Internet zu einem Treffen in Oslo verabredet. Von dort aus reisten sie nach Südnorwegen und sprangen zusammen von einer Felsenklippe in den Abgrund. Seitdem verzeichnen die Internet-Seiten, die aussehen wie schwarze Bretter, immer mehr Klicks. Allein das „Suizid-, Freitod- und Selbstmord-Forum" erhielt bislang mehr als 50 000 Zuschriften – und täglich werden es mehr. Etwa 700 fest eingeschriebene Diskussionsteilnehmer, im Jargon „Stamm-Poster" genannt, debattieren dort stets unter den gleichen Pseudonymen über den einfachsten Weg, sich das Leben zu nehmen. Dazu kommen noch Tausende von Gelegenheitsbesuchern. [...]

Andrea H. aus Hannover war 14 Jahre alt, als sie beim Surfen im Internet irgendwann auf ein Selbstmord-Forum stieß und sich von den cool daherkommenden Sprüchen der anderen Chatter anstecken ließ: „Mich hat das sofort fasziniert." Suizid-Gedanken hatte sie damals nicht, nur die alterstypischen Zweifel am Sinn des Lebens. Erst betrachtete sie das Plaudern im Netz als Spiel; es machte ihr Spaß, mit anderen über ihren Alltagsfrust zu sprechen. Dann aber wurde das Chatten und Posten ernst, zu einer Sucht. „Ich war zwar bei meinen Eltern in der Wohnung, lebte und wohnte in Wahrheit aber im Forum." Andrea glaubte, anderen Suizid-Gefährdeten helfen zu können, bekam aber selbst zunehmend Probleme. Statt in der realen Welt Freunde fürs Leben zu suchen, ließ sie sich immer mehr auf die Freunde zum Sterben in der virtuellen Welt ein. [...]

Seitdem Johann Wolfgang von Goethes Buch „Die Leiden des jungen Werthers" vor 227 Jahren unter Jugendlichen eine regelrechte Suizid-Welle auslöste, diskutieren Psychiater immer wieder den „Werther-Effekt" – den Kurzschluss vom Reden hin zur Tat. Im Internet, so scheint es, hat dieser Sog eine neue Dimension erreicht: Wer am Sinn seines Daseins zweifelnd allein im Kinderzimmer stundenlang vor dem Computer sitzt, kann mit ein paar Mausklicks alles zum Thema Suizid erfahren. [...]

Organisiert wird die alltägliche Sterbedebatte von sogenannten Foren-Mastern. Die Master haben das jeweilige Passwort der Web-Seite. Nur sie können den Inhalt der Foren bearbeiten und etwa Beiträge löschen. Einer von ihnen ist der 19-jährige Martin S. Mehrfach täglich geht er online und bekommt dadurch alles mit, was sich im Forum abspielt. „Das Gefährliche ist", so Martin, „dass viele dort hängen bleiben, auch wenn es nur eine vorübergehende Phase ist. Die Jugendlichen geraten in einen Sumpf, aus dem sie oft nicht wieder rauskommen." Es entwickle sich eine sektenähnliche Mischung aus verschworener Clique und avantgardistisch-elitärem Cyber-Clan. „Wer geht denn heute noch in eine Sekte? Hier im Netz sind die neuen Kultformen längst entstanden", bilanziert der Foren-Master.

Ein Master-Kollege Martins, Markus B., hatte es bereits zur Kultfigur der Foren-Szene gebracht. Der hochintelligente, temperamentvolle Computerfreak hatte als 16-Jähriger das Internet entdeckt und war bald in den Suizid-Foren gelandet. Eines betreute er später sogar als Master – bis zu seinem Tod Ende vergangenen Jahres.

Seinen Selbstmord hatte der Vorarlberger seit vorigem Sommer wiederholt angekündigt. Im Oktober begann er sein Internet-Tagebuch. Einer der ersten Einträge dokumentierte sein scheinbar normales Leben: „6.30 Uhr Weckerläuten, Zähne putzen, Bus, Schule, nachmittags PC, ‚Simpsons" schauen, ‚Big Brother', 21 Uhr Hausaufgaben, dann Internet, ins Bett gehen." Zunächst schwankte er noch bei der Methode: Tabletten, vom Hochhaus springen oder erschießen? Seinem Tagebuch und den Web-Gefährten vertraute Markus an, wie sehr er seinem 18. Geburtstag im Oktober entgegenfiebere. In Österreich kann man als Volljähriger eine Schrotflinte kaufen. Am 2. November fuhr Markus mit dem Bus zum Waffengeschäft: „Der Verkäufer hat mir wirklich alles gezeigt", schrieb er in sein Tagebuch. „Einläufige Schrotflinten, doppelläufige ... Am Ende hat er die Sau-Patronen erwähnt – die zum Wildschweinetöten. Die hätten angeblich eine ziemlich hohe Durchschlagskraft." Am 11. November meldete sich Markus letztmalig im Forum: „Im Waffenladen hat alles geklappt. Heute habe ich meine Waffe abgeholt (300 DM ist recht günstig). Wenn man eine 12-kalibrige

Schrotflinte in der Hand hält, denkt man schon anders über den Tod. Wer sich den Tod durch Erschießen so heroisch vorstellt, sollte mal wirklich eine Waffe in der Hand halten." Drei Tage später schloss sich Markus abends in seinem Zimmer ein, stellte den Beatles-Song „Let it be" auf Dauerwiederholung. Die heimkehrenden Eltern wunderten sich über das Endloslied aus dem Kinderzimmer. Sie fanden ihren Sohn tot; er hatte sich in den Kopf geschossen. Die gesamte Forum-Gemeinde hatte die Geschichte eines angekündigten Todes verfolgt, alle hatten auf den Vollzug gewartet.

Trotz der dokumentierten Todesfälle nehmen deutsche Behörden das Problem der Suizid-Foren bislang kaum ernst. So hat denn auch Jürgen Schramm, Vorstand der Deutschen Gesellschaft für Suizidprävention, den Chatroom längst als blinden Fleck traditioneller Beratungsarbeit vor allem für Jugendliche ausfindig gemacht: „Da ist eine neue Subkultur mit erheblichem Ausmaß entstanden, auf die kaum jemand vorbereitet ist." [...]

In: SPIEGEL 9/2001

1. *Tragen Sie wichtige Informationen über die Selbstmord-Foren zusammen, indem Sie Randnotizen anbringen, die Sie dann als Antworten auf W-Fragen auswerten.*
2. *Ermitteln Sie, welche Absichten die Verfasser mit ihrem Bericht verfolgen.*
3. *Vergleichen Sie die Ergebnisse mit der Bewertung der Foren durch Martina Born (Zusatzmaterial 2).*

Auf der Suche nach dem „Echten"

■ *Was denkt der Bungee-Springer vor seinem Absprung? Verfassen sie einen möglichen inneren Monolog.*

Udo Ludwig: Extremsport – Erotik des Rausches

Was ist nur in das Volk der Dichter und Denker gefahren? Auf der Flucht vor der Langeweile des Alltags stürzen sich die Deutschen in ihrer Freizeit als Bungee-Springer von Fernsehtürmen und Baukränen, bezwingen vereiste Wasserfälle oder jagen mit dem Schlauchboot durchs Wildwasser. Wer geil auf Angst ist, ist vor allem wild auf Glück.

Zwei Wochen hat sich Fred Rapp gedanklich auf seinen Sprung aus 130 Metern Höhe vorbereitet, mit dem er seine „Angstgrenze erfahren will". Schließlich bestellt er, „damit ich es mir nicht noch anders überlege", für den Tag, an dem er 52 Jahre alt wird, Freunde und Verwandte zum Hamburger Fernsehturm. Kaum hat der Straßenmarkierer, der nach eigener Einschätzung „im Alltag immer cool bleibt", seine Sprungbereitschaft bestätigt, beginnt im Lift nach oben der Stress. Als habe jemand einen Hebel umgelegt, reagiert der Körper mit Akkordarbeit. Über Schaltstationen im Rückenmark versetzt das sympathische Nervensystem Rapp in Erregung. Die Lungen beschleunigen ihre Arbeit, schnelles und tiefes Atmen transportiert verstärkt Sauerstoff. Das Herz beginnt mit 150 Schlägen pro Minute zu hämmern, es pumpt jetzt in jeder Minute 15 Liter sauerstoffreiches Blut mehr als normal durch die Adern. Trotz der Anstrengung versucht Rapps Körper, die normale Betriebstemperatur zu halten – Schweiß tritt auf die Stirn. Gleichzeitig wird vom Gehirnstamm das ganze Hirn alarmiert. Rapps Sinne sind bis zum Äußersten geschärft, als er die Plattform betritt. „Was habe ich nur getan?", fragt er sich immer wieder. Gleichzeitig glaubt er, die Angstreaktionen seines Körpers „genießen zu müssen". Fred Rapp zwingt sich, in die Tiefe zu schauen. Unmittelbar bevor er die Weisung erhält, sich über die Kante fallen zu lassen, ist der Körper maximal erregt. Das Mark der Nebennieren schießt seinen Wirkstoff, das Adrenalin, in hohen Mengen durch die Adern. Das Stresshormon macht Rapp bereit zum Kampf auf Leben und Tod – er lässt sich fallen. Die Verkrampfung löst sich mit einem lauten Schrei, in Hundertstelsekunden wird die Adrenalinproduktion zurückgefahren. Im Flug fließen Endorphine, auch Glückshormone genannt, durch den Körper; er stöhnt und stößt, während er noch am Bungee-Seil wie ein Jo-Jo auf- und niederhüpft, immer wieder „Wahnsinn, Wahnsinn" hervor.

Auch Fred Rapp ist der „Erotik des Rausches" erlegen, wie der Berliner Philosoph Gunter Gebauer die neue Sucht vieler Deutscher nennt. Zu Tausenden werfen sie sich, nur von Gummiseilen an den Beinen gehalten, von Fernsehtürmen, Brücken und Baukränen in die Tiefe. Felswände müssen, wie im Elbsandsteingebirge bei Dresden, mitunter gar geschlossen werden, weil zu viele auf einmal versuchen, sich mit bloßen Händen an Spalten und Vorsprüngen hochzuhangeln. Wo im Winter Snowboarder ihre Spuren in den Tiefschnee ziehen, stürzen sich im Herbst die Mountainbiker auf ihren grobstolligen Rädern mit halsbrecherischem Tempo hinunter. Allein in den Alpen lassen sich jedes Jahr 100 000 in Schlauchbooten von reißenden Bergflüssen durchschütteln, der Himmel über den Gipfeln ist bunt von den Gleitschirmen der modernen Ikarusse aus Wanne-Eickel, Erding oder Lippstadt. Am Fuße von Schloss Neuschwanstein entstand das „No Limits Aktiv Center", wo zahlende Besucher gleich mehrfach „ihre eigenen Grenzen erproben" sollen. Lange galt die Suche nach dem Thrill als Ausbruchsversuch einiger weniger Spinner oder neurotischer Abenteurer. Inzwischen ist die Flucht vor Alltagsroutine und der Langeweile eines verplanten Lebens zum Volkssport geworden, hat sich das Angebot an Aufregung und Gefahr zu einem Millionenmarkt ausgewachsen. Jede Abenteuerspielart dieser „Bewegungsidiotie", wie der Deutsche Sportbund die „Mutproben" abschätzig nennt, hat inzwischen ihre eigene Fachzeitschrift und spezielle Ausrüsterfirmen. Die Palette ist bereits so groß, dass der verstädterte Homo sapiens mit Mikrowelle und Rechtsschutzversicherung nicht einmal das Erlebnis suchen muss – es kommt zu ihm. [...]

„Drogen sind out, Adrenalin und körpereigene Morphine sind in", erklärte die Männer-Vogue ihren Lesern. Adrenalin heißt das Modewort. Das Nippen an der „körpereigenen Droge" wird als Allheilmittel gegen Zivilisationsmüdigkeit empfohlen. [...] Den Ruf als Thrill-Hormon festigt die Tatsache, dass Adrenalin vor allem in menschlichen Extremsituationen ausgeschüttet wird. Das Stresshormon ist eine Art Generalschlüssel für alle Kampf- oder Fluchtreaktionen des Menschen; schon den Höhlenbewohner versetzte es in die Lage, übermächtige Tiere zu besiegen. Gewöhnlich lassen sich nur etwa 80 Prozent der körperlichen Ressourcen mobilisieren; der Rest ist geschützt. Die stille Reserve kommt erst zum Einsatz, wenn sich der Mensch etwa in Lebensgefahr befindet. Adrenalin ist der Stoff, der in wichtigen Organen die letzten Prozente freisetzt. [...] Der Alltag hält davon nicht mehr viel bereit. Nur etwa fünf Prozent der Bevölkerung, glauben Experten, kommen im Beruf in die Nähe eines Thrills: Der Chirurg, der sich an besonders komplizierte Operationen wagt, der Manager, der alleinverantwortlich eine weit reichende Entscheidung trifft, der Spekulant, der an der Börse das Risikopapier ordert. [...]

Es entbehrt nicht einer gewissen Perversität, dass der Mensch erst in Extremsituationen [...] beginnt, bestimmte Signale seines Körpers wieder zu spüren: Abenteurer erfahren sinnlich, wie sich der Magen umdreht, sie hören ihr Herz schlagen. Kletterer registrieren Nervenzittern in den Gliedmaßen, wenn ihre Finger am Fels die Oberflächenbeschaffenheit ertasten; Rafter merken, wie ihre Erregung die Muskeln in Alarmbereitschaft versetzt. [...] Vor allem diese Gruppe der Risikosuchenden scheint den britischen Psychoanalytiker Michael Balint zu bestätigen, der schon in den Fünfzigerjahren postulierte, dass jeder Lebensweg auch von einer gewissen Todessehnsucht geprägt sei – am Ende müssten alle gelernt haben, das Leben loszulassen [...]

In: SPIEGEL 37/1996

1. *Welche Motive werden im Text genannt, Extrem-Erfahrungen aufzusuchen?*

2. *Auch junge Menschen suchen nach dem „Kick". Welche Phänomene fallen Ihnen dazu ein? Was sind die Gründe von Jugendlichen?*

Das Lebensgefühl von August

Der Protagonist des Dramas „norway.today" auf der Suche nach dem Echten

„Also ich heiße August ... ich habe mir eigentlich nie vorstellen können, dass ich etwas mit dem Leben zu tun haben könnte. ... das meiste, was abgeht im Leben, ist so schräg ... ich meine nicht lustig, ich meine nur schräg. Es gibt schon Momente. Wenn ich allein bin, zum Beispiel, und ich renne so vor mich hin, und ich höre meinen Atem und die Schritte, und das Blut pocht in den Ohren ziemlich laut. Aber ich renne ja auch nicht immer. Geht ja nicht, leider, immer rennen."

Aus: Igor Bauersima: norway.today. © S. Fischer Verlag GmbH, Frankfurt am Main 2000, S. 12f.

- *Was kritisiert August am Leben, welche Momente schätzt er?*
- *Stellen Sie einen Zusammenhang her zu dem Phänomen der Suche nach Extrem-Erfahrungen.*

Der musikalische Prolog

Beach Boys: Wouldn't it be nice (Brian Wilson/ Tony Asher)

Wouldn't it be nice if we were older
Then we wouldn't have to wait so long
And wouldn't it be nice to live together
In the kind of world where we belong
You know it's gonna make it that much better
When we can say goodnight and stay together
Wouldn't it be nice if we could wake up
In the morning when the day is new
And after having spent the day together
Hold each other close the whole night through
Happy times together we've been spending
I wish that every kiss was neverending
Wouldn't it be nice
Maybe if we think and wish and hope and pray it might come true
Baby then there wouldn't be a single thing we couldn't do
We could be married
And then we'd be happy
Wouldn't it be nice
You know it seems the more we talk about it
It only makes it worse to live without it
But let's talk about it
Wouldn't it be nice
Good night my baby
Sleep tight my baby

Übersetzung

Wäre es nicht schön, wenn wir älter wären?
Dann müssten wir nicht mehr so lange warten.
Und wär es nicht schön zusammenzuleben,
In der Art Welt, in die wir gehören?
Du weißt, dass es so viel besser wäre,
Wenn wir gute Nacht sagen und zusammenbleiben könnten.
Wäre es nicht schön, wenn wir aufwachen könnten
Am Morgen, wenn der Tag noch jung ist,
Und nachdem wir den Tag zusammen verbracht haben,
Uns durch die Nacht hindurch gegenseitig halten könnten?
Glückliche Zeiten würden wir miteinander teilen.
Ich wünschte, dass jeder Kuss unendlich wäre.
Wäre das nicht schön?
Vielleicht, wenn wir denken, wünschen, hoffen und beten, wird es wahr.
Liebling, dann gäbe es nicht eine einzige Sache, die wir nicht tun könnten.
Wir könnten heiraten
Und dann wären wir glücklich.
Wäre das nicht schön?
Du weißt, es scheint, je mehr wir darüber reden,
Desto schlimmer wird es, ohne es zu leben.
Aber lass uns darüber reden.
Wäre das nicht schön?
Gute Nacht, mein Liebling,
Schlaf fest, mein Liebling.

Übersetzung von Thomas (Mugel). www.songtexte.com

■ *Welche Wünsche werden in dem Song artikuliert?*

Baustein 2

Julie und August in der Kälte

Dieser Baustein behandelt die ersten drei Szenen des Stückes, die sukzessive besprochen und erarbeitet werden. Während zunächst die Protagonisten und deren Motive, sich im Suizid-Chat zu verabreden, wahrgenommen werden, werden diese Ergebnisse dann um die Reflexion der sprachlichen Form ergänzt. Dieser Baustein endet mit dem Wendepunkt der Handlung, als die Situation am Abgrund kippt, die Durchführung des Suizids fraglich erscheint und August auf Augenhöhe zu Julie agiert. Produktive und analytische Verfahren werden gleichermaßen eingesetzt und aufeinander bezogen. Bei Zeitmangel kann 2.3 ausgelassen werden.

2.1 Die Hauptfiguren und die Frage nach dem Sinn

Die Exposition des Stückes beinhaltet die Selbstvorstellung der beiden Protagonisten. Nacheinander betreten sie die Bühne, melden sich im Chatroom und stellen sich als User den anderen in dieser virtuellen Gemeinschaft vor. Zwei junge Menschen mit Hochsommernamen werden sich verabreden, die gefühlte Kälte „echt" erleben zu wollen und ihre letzte Reise in die winterlichen Fjorde Norwegens anzutreten.
Julie tritt – nach jahreszeitlicher Logik – zuerst auf, selbstbewusst, abgeklärt und nüchtern. Dagegen wirkt August schon eher als der „dumme August", viel unreifer und unsicherer (vgl. zur Namensgebung 2.3).
Die Uraufführung inszeniert die beiden Auftritte vor einer flackernden Leinwand, die Bühne ist in blaues Licht getaucht, die Protagonisten sprechen ins Publikum, das in die Rolle der Chatroombesucher versetzt wird. August sitzt zunächst in den Zuschauerreihen. Julie, bekleidet mit Jeans und einem T-Shirt mit der Aufschrift julie@home.shirt, steht frontal zum Publikum und spricht schnell und nahezu emotionslos.[1] Sie klagt die Gesellschaft an, die sie in eine Rolle zwängt, und weist deren Sinnstiftungsangebote zurück. Erstaunlich scheint zunächst, dass gerade jemand, der eine Abneigung im Leben gegen alle Gesellschaft hat, Gesellschaft im Tode sucht.
Das Publikum, in der Rolle von potenziellen Selbstmördern, muss sich angesprochen fühlen, bis ein junger Mann sich zu Wort meldet und im Reden nach vorne auf die Bühne geht, ohne dabei mit Julie in Interaktion zu treten: sie sprechen miteinander, sehen sich aber nicht an. Auch August im T-Shirt, august@home.shirt, steht da als typisches Kind einer „Web-Generation" und bekundet, sich nicht lebendig zu fühlen: „Alles Fake" (S. 13). Er ist auf der Suche nach dem Echten, philosophiert über die Grenzen der menschlichen Wahrnehmung. Zum Beweis führt er das Stuhl-Exempel vor, er setzt sich auf einen Stuhl, der per Hebemechanismus herauf- und heruntergefahren wird – keine Illusion, sondern eben ein echter Bühnenfake. So spielt Bauersima auch inszenatorisch mit der Problematik der Authentizität des Erlebens. Augusts Zweifel an der Erkenntnisdisposition wird noch mehrfach im Stück laut und soll an dieser Stelle – auch im Unterricht – noch nicht mit philosophischen Fußnoten unterlegt werden (s. 3.2). Deutlich wird, dass August seine Gründe nicht konkret benennen

[1] In der Uraufführung stellt sich Julie in der Aussprache [dschuli] vor, der Name wird also nicht franz. ausgesprochen.

kann, er sucht nach Worten, sein fehlendes Lebensgefühl zu erfassen, und greift auf jugendsprachliche Ausdrücke zurück, die das schlecht Beschreibbare zu versprachlichen suchen. Die Szene wird begrenzt durch das Einspielen des Beach-Boys-Songs und spielt kurz vor der Abreise im Chatroom. Die hinführende Regieanweisung ist paradox, in der Luft liegen Stille und ein Instrumentalsong einer experimentellen Rockgruppe. Bauersima schickt das Publikum durch Ton- und Bildstörung in eine andere Welt, wie das Musikstück leitmotivisch vorgibt, aber nicht als Regieanweisung unmittelbar umzusetzen ist: „See you in another world" bleibt eine Metapher, die gleichermaßen für die Protagonisten gilt, die ihr Dasein transzendieren wollen, und für das Publikum, welches das Reale nun als Theater erlebt.

Im Unterricht soll zunächst der erste Szenenabschnitt wahrgenommen werden, in dem sich beide Figuren einzeln vorstellen: S. 11–14. Die ersten Eindrücke sollen artikuliert und anschließend die Motive der beiden Hauptfiguren, ein Selbstmord-Forum aufzusuchen, analysiert werden.
Der Szenenabschnitt wird mit verteilten Rollen gelesen. Dabei können „Julie" und „August" sich nacheinander auf einen Stuhl vor die Klasse setzen, um den inszenatorischen Effekt der Uraufführung auf die Klassensituation zu übertragen: Die Klasse bildet die Gemeinschaft der User.

- *Lesen Sie Julies bzw. Augusts Auftritt im Chatroom (S. 11–14) laut der Klasse vor. Setzen Sie sich dabei frontal vor die Gruppe.*

Anschließend werden die ersten Eindrücke im Unterrichtsgespräch ausgetauscht:

- *Welchen Eindruck haben Sie von den beiden Figuren? ... von dieser Dramenereröffnung?*

Der Einstieg in die konkrete Textarbeit schließt sich mit einem arbeitsteiligen Auftrag an:

- *Untersuchen Sie, mit welchen Motiven Julie bzw. August den Chatroom betreten. Halten Sie Ihre Ergebnisse stichpunktartig fest.*

Die Motive, sich umzubringen, lassen sich, wie im folgenden Tafelbild visualisiert, einander gegenüberstellen:

Im Selbstmord-Chat: Motive der Protagonisten

Julie

- sucht Gemeinsamkeit im Selbstmord
- Ressourcen der Erde werden durch unsere Existenz geplündert
- Leben heißt Warten auf den würdelosen, einsamen Tod
- Selbstmord „höchster Akt des Lebensvollzugs", würdevoller Schritt
- Gesellschaft zwingt in eine Rolle, sie kann nicht sie selbst sein
- möchte wahrhaftig sein
- Sinnangebote wie Erfolg, Vermehrung, Genuss sind reaktionär und fehlleitend

Leben in Gesellschaft ist sinnlos

August

- fühlt sich am Rande des Lebens, nicht lebendig
- findet das Leben „schräg"
- Zweifel an Erkenntnismöglichkeit: alle Wahrnehmung Schein?
- „alles Fake", z. B. Chats meist gespielt lebensmüde
- fasziniert von Julie, die einen echten Schritt wagt
- Leben ist Feigheit

Leben ist „Fake"; er fühlt keine Lebendigkeit

Die Ergebnisse werden abschließend im Unterrichtsgespräch vertieft:

- *Was meint August mit den Begriffen „schräg", „Fake", „echt"?*
- *Stellen Sie Gemeinsamkeiten und Unterschiede bei den jeweiligen Motiven fest und beurteilen Sie diese als Begründung, aus dem Leben scheiden zu wollen.*

Im Unterricht zum zweiten Teil dieser Chatroom-Szene soll neben der Erarbeitung der ersten Begegnung zwischen Julie und August auch der Chatroom als Bühnen- und Kommunikationsraum in den Mittelpunkt rücken. Dies kann durch folgende Impulse vorbereitet werden.

- *Wie wird den Zuschauern die Illusion eines Chatrooms vermittelt?*

Bauersima reichen wenige Hinweise, die T-Shirts, Anleihen an die Chatsprache („Smile") und die Bühnensituation an sich: Da die Protagonisten zum Publikum sprechen, wird ein Rollenspiel eröffnet.

- *Wie würden Sie diesen Szenenanfang inszenieren? Beachten Sie Bühnengestaltung, Platzierung der Schauspieler, Bewegung im Raum, Körpersprache, Stimme, Kostüme, Requisiten.*

Dieser Impuls kann auch in einer Kleingruppenarbeit tabellarisch gelöst werden. Die „Regisseure" stellen dann auf Folien einander ihr Inszenierungskonzept vor.
Der sich anschließende Schreibauftrag vertieft die Auseinandersetzung mit den Figuren, provoziert aber auch, die Chatsprache zu imitieren, wodurch der Folgeunterricht (s. 2.2) vorbereitet wird. Ggf. kann dann auch das eigene Textprodukt noch einmal in Hinblick auf die Sprachform des Internets überarbeitet werden.

- *Sie werden online Zeugen von Julies Anliegen bzw. Augusts Chatbeitrag. Reagieren Sie, indem Sie ebenfalls einen Chateintrag schreiben.*
  Optional: Entwickeln Sie daraus einen kurzen Chatdialog zwischen Ihnen und der Figur.

2.2 Im Chat: Virtual life und real death?

Nach der Einzelvorstellung chatten Julie und August miteinander, auf der Bühne natürlich, ohne sich dabei anzusehen – sie müssen sich Bilder schicken. Sie sind als Einzige im Chat online – ihr Dialog wird nicht gestört.
Im Dialog verstricken sich beide sprachlich, wodurch Situationskomik entsteht; z. B.: „Hast du dich schon mal umgebracht?" (S. 16). Julie bezeichnet August als „Anfänger", ein fortgeschrittener Selbstmörder ist schwer vorstellbar. Die Situation ist absurd, der Versuch, darüber zu reden, entlarvt es. Auch inhaltlich führt sich August lächerlich vor, indem er ernsthaft von seinem Selbstmordansinnen als Baby oder seinem geplanten Motorradunfall – ohne im Besitz eines Führerscheins zu sein – berichtet. Er beansprucht Tragik und „fakt" doch nur selbst.
Zunächst vergewissern sich also die beiden, wie ernst sie es mit dem geplanten Ableben nehmen. Julie verdächtigt August, ein „Show-Chatter" (S. 15) zu sein, und muss ihn examinieren. Sie vergleicht sich mit Natalie Wood, verweist auf den Filmklassiker „Denn sie wissen nicht, was sie tun", der den meisten Gleichaltrigen unbekannt sein dürfte (vgl. auch S. 44).

Bauersima hat da wohl eher das reifere Publikum als Zielgruppe dieser Anspielung im Auge, das mit James-Dean-Postern in den Jugendzimmern aufgewachsen ist. Julie beansprucht die Fallhöhe eines Filmstars mit ihrem Vergleich. Natalie Wood kam mit nur 43 Jahren bei einem Segeltörn ums Leben, welchen ihre Schwester, ein Schauspielerkollege und der Traumpaar-Gatte Robert Wagner überlebten. Die Unfallumstände wurden nie aufgeklärt, was Verschwörungstheorien provozierte.
Julie weist August zunächst schroff als „Anfänger" zurück. August kann Julie erst beeindrucken, nachdem er ihr Ansinnen als „echt" qualifiziert hat, was sie wiederum mit Erstaunen quittiert: „Echt?" (S. 17) Auch Augusts Aussehen beeindruckt Julie, er ist da schon zurückhaltender: „ganz okay" (S. 18) – die Retourkutsche für das Verhalten Julies. Dann stellt sie die Testfrage und lässt ihn ‚Vernunft' definieren, nach anfänglicher Irritation verweist er auf große Philosophen, die er hier noch nicht namentlich identifizieren kann, später (S. 31) wird er darauf kommen und die Skepsis gegenüber der Erkenntnis Kant zuordnen (vgl. Baustein 3.2). Trotzdem überzeugt Julie dieser philosophische Rekurs, August erweist sich gedanklich dem Tod als würdig und sie möchte ihn mitnehmen, es macht sie geradezu glücklich. Abschließend treffen die beiden im Chat ihre Verabredung und versprechen sich Verschwiegenheit. Die Beschwörungsfloskel „Lang lebe der Tod" (S. 20) ist in ihrer Paradoxie komisch.
Verstärkend wirkt noch die feierliche Absegnung „Amen". Nachgeschoben werden organisatorische Einzelheiten, die Reise klingt da eher nach einem spaßigen Ausflug mit Bier und belegten Brötchen. August erfährt auch erst in Julies vorletzter Meldung, dass es in den Schnee geht. Sie verabschieden sich nach Internetkonvention mit „Smile", wonach August die virtuelle Spur bis auf Julies Homepage verfolgen soll.

Im Unterricht soll zunächst die Entwicklung des Dialogs wahrgenommen werden, dann die Art der Kommunikation selbst zum Thema werden.
Die erste Phase wird eröffnet, indem der Szenenabschnitt (S. 14–20) noch einmal mit verteilten Rollen vorgelesen wird. Ein Unterrichtsgespräch schließt sich an.

- *Tragen Sie den Szenenabschnitt von S. 14–S. 20 mit verteilten Rollen vor.*
- *Welchen Eindruck gewinnen Sie von den beiden Protagonisten bei deren Online-Begegnung?*
- *Wie entwickelt sich der Dialog im Chatroom?*
- *Wie und warum finden beide zueinander und verabreden sich?*

Mithilfe des folgenden Tafelbildes können die Ergebnisse gesichert werden:

Die erste Begegnung von Julie und August online

Julie:
Misstrauen
↓
Ablehnung
↓
Wendepunkt: Augusts Definition von Vernunft – philosophischer Rekurs
↓
Akzeptanz
↓
Vorfreude

Das **Arbeitsblatt 7**, S. 47 vertieft die Szenenanalyse mit Blick auf die sprachlichen Besonderheiten im Chat.

- *Ergänzen Sie das Glossar mit den Bedeutungen der Akronyme.*
- *Was offenbaren diese Akronyme über die Internet-Sprachgepflogenheiten?*
- *Lesen Sie die Textauszüge zu den Merkmalen der Internetsprache und ziehen Sie Parallelen zur ersten Szene im Chatroom von „norway.today". Beziehen Sie sich dabei auf einzelne Textstellen.*

Der folgende Erwartungshorizont konkretisiert die Antwortmöglichkeiten auf die Arbeitsaufträge.
Aufgabe 1: Die Akronyme sind der Unmittelbarkeit der Chat-Kommunikation geschuldet: Der Kommunikationspartner wartet, die Mitteilung erfolgt prompt. Die Sprache muss sich den Nutzungsbedürfnissen anpassen, je kürzer, desto schneller. Außerdem verbindet der Sprachcode die eingeschworene Chatgemeinschaft und schafft Gruppenidentität.[1]
Aufgabe 2: Die Figurensprache offenbart beide als intensive Internetnutzer. Auch Julie und August eröffnen ihren Dialog mit kurzen Statements bzw. Anfragen. Ellipsen beschleunigen („Der totale Schwarm", 18 u. a.), Begriffe wie „User" sind dem Chat verpflichtet, ein „Smile" erinnert an die medialen Sprachkonventionen. Beide formulieren ohne Bedacht, merken erst anschließend, dass ihre Formulierung vielleicht lächerlich ist. Im Zuge der Internetbegegnung wächst das Bedürfnis nach nonverbalen Informationen, hier wird dies durch Einstellen von Bildern gelöst. Ob die Protagonisten ihre wirklichen Namen im Chat angegeben haben, weiß der Zuschauer hier noch nicht; zumindest könnte er mit Julie vermuten, dass ein auf sie Reagierender sich als Folgemonat ausgibt. Dies versucht sie in der sich anschließenden Szene auch klarzustellen.
Abweichungen von der Standardsprache bzw. Uneindeutigkeiten können mehrheitlich der Jugendsprache zugewiesen werden: Auch hier werden „Fake" (S. 14) und „echt" (S. 17) wieder verwendet, aber auch „no bullshit" (S. 19), „Scheißfuckingtodernst" (S. 19). „Echt" taucht sowohl im Sinne von „wirklich", „wahrhaftig" – als Gegenbegriff zu „Fake" – auf, aber auch als Ausdruck ungläubigen Erstaunens. Ähnlich verhält es sich mit „im Ernst?" (S. 15) bzw. „Das ist dein Ernst" (S. 19). Diese Doppeldeutigkeiten stiften Verwirrung und verraten die Unsicherheiten der beiden. Die vulgären Ausdrücke dienen allein der Bekräftigung und offenbaren den inflationären Gebrauch solcher Bekräftigungspartikel. Die Assimilationen komprimieren auch Julies und Augusts Chat („du's", 16; „tun's", 19). Ansonsten dosiert Bauersima Merkmale der Chatsprache eher sparsam. Eine konsequente Imitation dieser Sprachform würde eine Inszenierung in Form einer projizierten Texteingabe erfordern.

Nach der gemeinsamen Auswertung der Aufgaben können folgende Impulse die Auseinandersetzung vertiefen:

- *Beurteilen Sie abschließend die im Chatroom verwendete Sprachform.*
- *Was verrät die Sprache über die Hauptfiguren, welche Funktion hat sie für die Wirkung dieser Szene?*
- *Intensive Internetnutzung und Lebensgefühl: Stellen Sie mit Blick auf die Figur August einen Zusammenhang her.*

[1] Lösungen: lol: laughing out loud; ltab: lieber tot als blöd; luser: Looser+user, kgw: komme gleich wieder; nc: no comments oder nature calls (muss auf Toilette); o4u: only for you; ugi: you got it; zK: zum Kotzen

Die Sprache charakterisiert die Protagonisten als typische Kinder der „Generation Internet". Die Zuschauer tauchen mit ihnen in die medialen Konventionen des Sprechens und der Kontaktanbahnung ein. Gleichzeitig wirkt das Rollenspiel Chat auch witzig. Augusts Skepsis, die Welt echt erleben zu können, ist durch den Internetkonsum bedingt, was er selbst nicht durchschaut.
Nach der Erarbeitung und kritischen Reflexion der Sprache des Chats können die Merkmale der Internetsprache auch noch einmal angewendet werden, indem der **Schreibauftrag** von 2.1 (sofern noch nicht geschehen) gestellt bzw. noch einmal sprachlich überarbeitet wird.
Die sprachlichen Unüberlegtheiten der Hauptfiguren führen auch zu Situationskomik. Dies wird in einem eigenen Baustein 3.1 aufgegriffen bzw. vertieft. Dieser Aspekt kann in der Besprechung der Chatroom-Szene aber bereits einbezogen werden. Hier könnte auch eine Hausaufgabe gestellt werden.

- *Eine Reihe von Äußerungen in diesem Chat wirken komisch. Suchen Sie solche Textstellen und erklären Sie, wodurch die Komik jeweils entsteht.*
- *Was offenbart die jeweilige Komik über die beiden Hauptfiguren?*

(Mögliche Ergebnisse zu diesen Impulsen sind dem Baustein 3.1 zu entnehmen.)

2.3 Im Angesicht des Todes

Die zweite Szene wird eingegrenzt durch die Einspielung des Beach-Boys-Songs und die Ankunft im Schnee am Abgrund (S. 20) und endet mit dem gemeinsamen Kriechen bis zur Felskante (S. 31). In dieser Szene konfrontieren sich beide mit dem Schauplatz für ihren Tod, der ganz unterschiedliche Gefühle und Reaktionen hervorruft, worüber es zum Konflikt kommt.
In der Uraufführung verlängert sich die positive Aufbruchsstimmung vom Ende der Chatroomszene, wenn die Musik erklingt und sich beide singend umziehen, während im Hintergrund eine Schräge ansteigt und künstlicher Schneefall einsetzt. Beide finden sich bemützt in Winterkleidung am Abgrund – am Fuß der beschneiten Schräge – ein. Schlagartig ändert sich im (Kunst-)Schnee die Stimmung: Ein Wortgefecht folgt dem nächsten, wobei August stets den Kürzeren zieht. Der Dialog zerfällt in Gesprächseinheiten zu unterschiedlichen Aspekten:

- S. 20–22 Rede- versus Schweigebedürfnis;
- S. 22–23 Vertrauenswürdigkeit des Internetauftritts (Name/Absicht);
- S. 23–27 potenzielle Gedanken und Gefühle beim Absturz;
- S. 27–28 Motive, sich (gemeinsam) umzubringen;
- S. 29–30 Angemessenheit von Gefühlen im Angesicht des Todes;
- S. 31 das Wagnis: Blick in den Abgrund.

August möchte im Grunde die Leichtigkeit ihrer unverbindlichen Chatkonversation fortsetzen und lobt die Natur. Julie will nicht reden, schon gar nicht Banalitäten über die Landschaft austauschen. Allerdings kann sie sich mehr Distanz nehmen, schließlich kennt sie diesen Ort, den sie für den gemeinsamen Tod ausgewählt hat: Sie ist als Kind am Fjord gewesen, ihr Vater hat sie an den Füßen gehalten, als sie an der Felskante in den Abgrund geschaut hat (S. 31, 50). So war damals der Abgrund nur „virtuell", jetzt will sie den Ernstfall. Julies Pathos, ewig schweigen zu wollen, unterläuft August („zu kalt", S. 22), was Julie mit Spott über den „Komiker" quittiert – hier wird der Name „August" zur Metapher, die Figur steht hier in der Tradition des „dummen Augusts" aus dem Zirkus, woran Julie offensichtlich denkt. Denn im

Anschluss will sie wissen, ob dies sein richtiger Name ist, schließlich sei es naheliegend, dass er sich mit diesem Nickname auf Julie reagierend im Chat gemeldet hat. Auch August hat Anlass, sein Misstrauen auszusprechen, er will ihre Motive wissen, warum sie sich nicht alleine umbringen will. Aber Julie verschließt sich. August muss über den Abgrund reden, der atemberaubend ist, der anzieht und abstößt. Er errechnet einen Fall von 10 Sekunden bis zum tödlichen Aufprall und überlegt sich, was sich in seinem Kopf abspielen würde. Julie stellt sich diese letzten Sekunden feierlich vor, als Befreiung und Moment der Wahrhaftigkeit. August geht davon aus, dass sich in gefühlter Zeitdehnung noch einmal verschiedene Momentaufnahmen, ein Bilderbogen seines Lebens, einstellen werden. Eigentlich fallen ihm auch schöne Momente einer Lebendigkeit und Unmittelbarkeit ein, die er ja bei seiner Selbstvorstellung im Chat grundsätzlich vermissen wollte: Zitroneneis schlecken, die Sonne spüren, der erste Kuss, aber er muss diese Ideen sofort wieder als langweilig und sinnlos entwerten. Wiederum benutzt er philosophische Rekurse und stellt seine Angst vor scheinbar banalen Assoziationen gleich in den Kontext einer kosmologischen Ermüdung, universellen Langeweile und gibt den radikalen Skeptiker.[1] Diesmal beeindruckt er Julie nicht, die ihn auflaufen lässt. Sie gibt vor, glücklich zu sein, möchte sich nicht zu den Skeptikern mit Hang zum Depressiven rechnen. „Depressive Selbstmörder sind Waschlappen" (S. 27). Julie beansprucht Erhabenheit im Freitod. August ist ratlos angesichts dieser demonstrierten Arroganz, die mit häufig vorliegenden Suizidmotiven unvereinbar ist. Auf Nachfrage beleidigt Julie ihn („blöd", S. 27) und verhält sich ganz vornamenkonform als Angehörige eines überlegenen Geschlechts (Julier), nach außen hin heiter und glänzend (lat.: iovilius). August bleibt der „dumme August", die Ehrwürdigkeit (lateinische Bedeutung des Namens) bleibt ihm hier trotz des Versuchs erhabenen Philosophierens versagt. August hat nichts mehr zu verlieren, er fragt jetzt noch einmal nach ihrem Grund, einen Partner für den finalen Schritt gesucht zu haben. Julie macht sich jetzt Augusts Argumentation zu eigen, sie möchte Augenzeugin eines echten Todes werden. August ist schockiert, er fühlt sich benutzt; die Faszination und die Neugierde gegenüber dieser Internetbekanntschaft schlagen in Misstrauen und Verzweiflung um. Julie provoziert das zu weiteren Demütigungen, die sie selbst davor bewahren, sich mit Gefühlen auseinanderzusetzen. August friert angesichts von Julies Eisigkeit (vgl. S. 28). Er lehnt ihr Pathos ab, steht jetzt dazu, „Scheiße zu reden" (S. 29). Sie diffamiert seinen Zorn und seine Betroffenheit: „Du flennst" (S. 29). Er streitet ab, Julie meint wohl auch keine faktisch vorhandenen Tränen, sondern seine Emotionalität überhaupt. August kontert absurd: „Ich lach mich tot" (S. 30). Dies überspitzt Bauersima noch in der bühnenironischen Regieanweisung „August tut kurz mal, was er will" (S. 30). Die Wortgefechte laufen ins Leere und Julie erinnert an die Abmachung und beginnt Worten Taten folgen zu lassen, indem sie zur Felskante kriecht. Hier offenbart sich jetzt die komplementäre Rollenverteilung, indem sie jetzt wiederum August braucht, der sie am Abgrund halten soll. Durch die Umkehrung der Machtverhältnisse wird er aus seiner Verweigerung gelockt und begibt sich in wechselseitiger Abhängigkeit mit ihr Richtung Abgrund. Gerade jetzt fällt ihm auch der Name des Philosophen ein, der ihm entfallen war. Will nun er mit philosophischem Pathos von der Tiefe ablenken? Julie bremst ihn.

Bei der Analyse dieser zweiten Szene werden „klassische" Analysemethoden im Umgang mit Dramentexten geübt. (Das **Zusatzmaterial 5**, S. 110, erfasst die Methodik der linearen Szenenanalyse für die Schülerhand auf einen Blick.) Die Ergebnissicherung erfolgt in mehreren Schritten, beginnend mit der Hausaufgabe, auf einem vorstrukturierten **Arbeitsblatt 8** (S. 48), das unterrichtsbegleitend ergänzt wird. Eine Kopie auf Folie visualisiert dann den Stand der gemeinsamen Erarbeitung.

[1] Das Zitat S. 25 konnte nicht eindeutig zugeordnet werden – es klingt nach E.M.Cioran, dessen radikaler Skeptizismus die Unzulänglichkeit des Daseins bis an den Anfang verfolgt, z.B. in seinem Aphorismenband „Die verfehlte Schöpfung" (vgl. 3.2).

Hinführend sollen folgende **Hausaufgaben** gestellt werden. Um den Arbeitsaufwand zu verringern, kann dabei auch arbeitsteilig verfahren werden:

- *Recherchieren Sie Herkunfts- und Bedeutungsvarianten der Namen Julie und August (die Ergebnisse können stichpunktartig in die erste Zeile des Arbeitsblattes eingetragen werden).*
- *Gliedern Sie die zweite Szene (S. 20–31), indem Sie Gesprächsabschnitte eingrenzen. Fassen Sie diese überschriftartig zusammen.*

Die Auswertung der vorbereitenden Arbeitsfragen erfolgt im Unterrichtsgespräch, wobei die Gliederung der Szene (letzter Impuls) an der Tafel erfasst werden kann.

- *Julie und August – Welche Herkunfts- und Bedeutungsvarianten dieser Vornamen haben Sie gefunden?*
- *Wie passen die Namen zu dem Verhalten der Figuren in dieser Szene?*
- *Beide finden sich am Fuße des Abgrundes ein. Worüber sprechen sie in dieser Situation? … Welche Gesprächsabschnitte lassen sich eingrenzen?*

Mögliches Tafelbild:

Am Fuße des Abgrunds – Gliederung der zweiten Szene

S. 20–22 Rede- versus Schweige-bedürfnis	S. 22–23 Vertrauens-würdigkeit des Inter-netauftritts (Name/ Absicht)	S. 23–27 potenzielle Gedanken und Gefühle beim Absturz	S. 27–28 Motive, sich (gemein-sam) umzu-bringen	S. 29–30 Angemes-senheit von Gefühlen im Ange-sicht des Todes	S. 31 das Wagnis: Blick in den Abgrund

Die Reorganisation der Handlung wird anschließend vertieft, indem jetzt der Gesprächscharakter erläutert sowie die Verhaltensweisen und zugrunde liegenden Gefühle der Protagonisten erfasst werden. Es folgt also eine vertiefende Textarbeit, vorzugsweise in Partner- oder in Kleingruppenarbeit. Diese Erarbeitung wird durch das **Arbeitsblatt 8**, S. 48, strukturiert und begleitet. Allerdings empfiehlt sich hier kein arbeitsteiliges Vorgehen (einerseits Julie, andererseits August), weil die unterschiedlichen Emotionen im direkten Kontrast eindeutiger fassbar werden. Die Folie (Kopie des Arbeitsblattes) kann von Schülern schon in der Erarbeitungsphase ergänzt werden. Im Anhang verdeutlicht ein Arbeitsblatt mit eingetragenen Lösungen den Erwartungshorizont.

- *Untersuchen Sie den Textabschnitt S. 20–31: Welche Gefühle werden am Fuße des Abgrunds offenbar? Belegen Sie Ihre Ergebnisse am Text. Vergleichen Sie abschließend die Emotionen von Julie und August.*

Die Ergebnisse werden anschließend im Unterrichtsgespräch dargestellt und mit Bezug auf konkrete Textstellen unterfüttert. Danach soll reflektiert werden, dass die unterschiedlichen Gefühle in Konfrontation mit dem Abgrund der Beziehungskonstellation geschuldet sind:

- *Wie reagieren die Figuren aufeinander? Erklären Sie die Reaktionsmuster.*
- *Welche Beziehungskonstellation wird deutlich?*
- *Erklären Sie, wieso die Szene nach einer Reihe von Konflikten doch wieder in einer gemeinsamen Handlung von Julie und August mündet.*

Optional können Szeneninhalt und -funktion zusammengefasst werden, indem der folgende Satzanfang ergänzt wird.

- *Ergänzen Sie folgenden Satzanfang: „Die Szene 2 zeigt …“*

2.4 Julie und August – Abhängigkeiten

Im Drama folgt ein Szenenwechsel – bei der Uraufführung am Düsseldorfer Schauspiel wird die Bühne gedreht und der Abgrund zeigt nun in Richtung Publikum. Julies Oberkörper erscheint oben an der Kante, August spricht zunächst aus dem Off. Julie schaut in den bodenlosen Abgrund und berichtet, was sie sieht. Ein Felsvorsprung gibt Julie einen makabren Anlass, sich vorzustellen, wie ihr der Arm im Sturz abgerissen wird. August folgt zur Kante und beide wagen einen Blick in die Tiefe; August hat Angst. Erstmals so nah nebeneinander denken sie nun über ihre Beweggründe nach. Beide hoffen, durch den Sturz etwas Einmaliges, Wahres zu erleben – eine absurde Idee, welche auch sprachlich zu Absurditäten führen muss. Julies Entschluss steht, sie will jetzt springen, aber August interveniert, erinnert an Zelt und Proviant, beide sollten noch eine Nacht drüber schlafen (vgl. 34). Dies lockt wieder Julie, August zu provozieren, ihre Überlegenheit auszuspielen und das Handeln zu bestimmen. Sie zwingt August aufzustehen, der sich aber wehrt, sodass es oben auf der Klippe zu einem Kampf kommt. Sie kämpfen, in der Uraufführung changiert die Auseinandersetzung zwischen Spiel und Ernst. Sie schubsen sich, lachen, brüllen sich an. Die Kämpfenden werden abwechselnd in verschiedenen Farben angestrahlt, es wirkt „virtuell“, wie ein Film. Julie und August tragen dabei physisch das innere Ringen um das nicht glücken wollende Leben aus. Julie spielt mit der ernsthaften Todesbedrohung, „fakt“, um August Angst zu machen, selbst gelockt durch die Möglichkeit, dass es ernst werden könnte. Die beiden stürzen mehrfach, stürzen beinah ab. Julie packt August und fordert ihn auf zu springen, ansonsten stoße sie ihn hinab. Als Herrin über Leben und Tod genießt sie Augusts Abhängigkeit, der wütend droht, sie umzubringen. August rollt den Abhang Richtung Hinterbühne herab, da stolpert Julie und baumelt über dem Abgrund. Doch Igor Bauersima macht nicht Ernst, arbeitet nicht mit der Illusion, sondern belässt es beim Theaterspiel und hält eine Leiter für Julie zur Absicherung am Abgrund parat. Er spielt inszenatorisch mit der Frage nach „Fake“ und Wirklichkeit, indem er die dem Theater innewohnende Situation des „Fake“ offenlegt.[1] Nun kehrt sich also die Situation um, Julie ist von August abhängig, der den Spieß umdreht und sie zunächst über dem Abgrund „baumeln“ lässt, um ihr ein Lied vorzuspielen. Wie wenig ernst es Julie mit dem Tod ist, wird schnell klar: Die Selbstmörderin bittet August, sie aus der lebensgefährlichen Situation zu retten. Sie entschuldigt sich, aber August kostet den Moment am Ghettoblaster sitzend aus. Julie betont, niemals ernsthaft vorgehabt zu haben, ihn hin-

[1] Vgl. Freund, S. 86.

abzustürzen, und fleht ihn um Hilfe an, beschimpft ihn aus Angst. August genießt nun seinerseits die Überlegenheit, lässt ihr die Angst, macht ihr klar, wie sie zuvor mit ihm umgegangen ist. Sie soll schreien, echte Angst verspüren und begreifen, dass das hier eben kein „Fake" ist. Dann zieht er sie doch hoch und beide sitzen erschöpft auf der Felskante – August: „Du wolltest mich umbringen" (S. 37). August ist schockiert und beschimpft sie, aber Julie ist bereits wieder zur Zuschauerin geworden, fasziniert vom echten „Thrill": „Abgefahren, das" (S. 37). Der Moment der echten Angst ist verflogen. Doch auch wenn sie versucht, ihre überlegene Distanz wiederzugewinnen, ihre Dominanz ist gebrochen und sie greift nach Augusts Hand, nicht nur im Moment der Rettung. August ist auf Augenhöhe angekommen.
Diese dritte Szene stellt einen Wendepunkt dar, indem sich die Beziehungskonstellation verändert, sich Über- und Unterlegenheit vertauschen, um dann in Gleichberechtigung zu münden. Auch in Bezug auf die Selbsttötungsabsicht kippt die Situation, beide hätten „einfach" sterben können, aber haben sich dagegen zur Wehr gesetzt. Nur, weil sie dabei abhängig vom jeweils anderen gewesen sind und es nicht aus freien Stücken tun konnten? Die Frage nach dem tödlichen Ausgang bleibt für das Publikum noch offen. So liegt die Peripetie genau in der Mitte des Stückes.

Die Erarbeitung der Beziehungsentwicklung soll durch das Bauen von Standbildern erfolgen, die die wechselnden Abhängigkeiten sinn- und augenfällig machen.
Das **Arbeitsblatt 9**, S. ,50, informiert über die Methode und instruiert schrittweise die Erarbeitung. Da erfahrungsgemäß immer einige Schülerinnen und Schüler nicht darstellend arbeiten möchten, ist hier optional eine alternative Textarbeit vorgesehen, die im Zuge der Besprechung der Standbilder eingebunden wird, um den Bezug auf einzelne Textstellen sicherzustellen. Wenn alle Standbilder bauen möchten, können je zwei Gruppen arbeitsgleich zu einem Szenenabschnitt arbeiten. Der Vergleich der Varianten intensiviert die Auseinandersetzung mit dem Text und fordert die Argumentation an einzelnen Textstellen heraus, sodass auch bei diesem Vorgehen ein Bezug zum Drama im Detail sichergestellt bleibt.
Um die Arbeit mit Standbildern vorzubereiten, kann als „Aufwärmübung" ein ‚stummes Interview' geführt werden: Paarweise gehen die Schüler zusammen, einer stellt dem anderen Fragen, die dieser nur körpersprachlich beantworten darf. Dann werden die Rollen getauscht.
Die Auswertung der Gruppenarbeitsphase erfolgt im Plenum, im offenen Stuhlhalbkreis, und wird ebenfalls durch Hinweise auf dem Arbeitsblatt strukturiert.

- *Beschreiben Sie das Standbild der Gruppe.*
- *Was sagt es Wesentliches über die Personen und ihre Beziehung aus?*
- *Welche Aussagen der Figuren im Drama passen dazu?*

An die Erbauer-Gruppe:

- *Was wollten Sie mit Ihrem Standbild ausdrücken?*

Feedback durch Textanalyse-Gruppe:

- *Fassen Sie die Ergebnisse der Szenenabschnittsanalyse zusammen und vergleichen Sie sie mit dem vorgestellten Standbild.*

Abschlussimpuls:

- *Inwiefern kann man bei dieser dritten Szene von einem Wendepunkt der Handlung sprechen?*

Ein Tafelbild schließt die Erarbeitung ab:

norway.today – Szene 3:
Die Entwicklung der beiden Figuren und ihre Beziehung

S. 32–35		S. 35–37
Julie: überlegen, genießt ihre Entschlossenheit, Impulsgeberin: hat seinen Tod in der Hand		**August:** überlegen, kostet ihre Todesangst aus, sie soll ihre Abhängigkeit von ihm spüren: hat ihren Tod in der Hand
↕	Rollentausch; komplementäre Rollenverteilung; wechselnde Abhängigkeiten	↕
August: unterlegen, reagiert nur, will nicht umgebracht werden, ängstlich und wütend	→	**Julie:** unterlegen, ängstlich, verzweifelt, wütend, weil er sie hängen lässt

Wendepunkt der Handlung – hinsichtlich Beziehungsentwicklung, aber auch Selbsttötungsabsicht (beide wollen so nicht sterben)

Notizen

loser
lieber tot als blöd
komm gleich wieder
nc 2 only for you
no comment
you got it
wmd
2K zum Kotzen
yolo
hdf / M

Internet: neue Kommunikationsverhältnisse – Chat-Slang

lol		o4u	
ltab		ugi	
luser		zK	
kgw		4get it	
nc		Sonstiges:	

1. *Typisch Chat – z. B. Akronyme (Kurzwörter):*
a) Ergänzen Sie das Glossar, indem Sie die Akronyme „übersetzen".
b) Was offenbaren diese Akronyme über die Internet-Sprachgepflogenheiten?

2. *Lesen Sie folgende Textauszüge und ziehen Sie Parallelen zur ersten Szene im Chatroom von „norway.today". Beziehen Sie sich dabei auf einzelne Textstellen.*

Merkmale der „Internetsprache"

Die Verständigung über das Medium Internet unterscheidet sich gravierend von der normalen Gesprächssituation. Die computervermittelte Kommunikation kann synchron, etwa im Chat, aber auch asynchron, wie z. B. im Forum, verlaufen. Chatkommunikation orientiert sich an den Regeln eines mündlichen Gesprächs. Oft ergibt sich kein klarer Sinnzusammenhang, weil mehrere Nutzer sich äußern, sodass oftmals Beiträge zusammengehöriger Gesprächspartner erst ermittelt werden müssen. Typisch sind Rückversicherungen, flüchtige Rückmeldungen und kurze Fragen (***auch da?***).
Es zeigen sich gesprächstypische, also für mündliche Umgangssprache charakteristische Merkmale – sowohl in der Wortwahl als auch in Lautung, Grammatik und Syntax. Effizienz ist wichtiger als normkonforme *Sprachverwendung. Akronyme (**g für grins**), Apokopen* (**is *statt* ist**), Ellipsen ([bist du] **auch wieda da?**) und Assimilationen (**mitn statt mit dem**) beschleunigen die Texteingabe. Nonverbale Ausdrucksmöglichkeiten sind ausgegrenzt, was durch eine Parasprache, z. B. mit den Emoticons wie :-), kompensiert werden soll. Auch Interjektionen (**ähhhm**) dienen dem Ausdruck von Gefühlen. Chatdiskurse fallen durch den Gebrauch von – oft auch vulgärer – Jugendsprache (**kotz**), Dialektverschriftung (**bissel**) bzw. durch eine Orientierung am gesprochenen Laut (**wieda**) auf. Anglizismen sind einerseits der Internetsprache, andererseits auch den Vorlieben der Jugendsprache verpflichtet. Ein weiteres Kennzeichen ist die Anonymität durch die Verwendung von Pseudonymen, Nicknames.

Nach: Martina Born: Selbstmord@Internet. Eschborn 2005, S. 19–21, und Torsten Siever http://mediensprache.net/de/websprache/chat/

Wolf von Lojewski: „Kritiker vergleichen das ufer- und grenzenlose Internet mit Graffiti an Brücken und Häuserwänden oder den Schmierereien in öffentlichen Toiletten."[1]

3. *Sprach(un-)vermögen in der Jugendkultur? Beurteilen Sie abschließend die im Chatroom verwendete Sprachform.*

[1] Aus: Wolf von Lojewski: Der schöne Schein der Wahrheit 2006

Die zweite Szene: „Im Angesicht des Todes" (S. 20–31)

■ *Ergänzen Sie die vorstrukturierte Gegenüberstellung unterrichtsbegleitend.*

Julie		August
	1 **Charakterisierende Namensgebung: Herkunfts- und Bedeutungsvarianten**	
	2 **Gefühle am Rand des Abgrunds** (Textstellen als Beleg notieren) 	
	3 **Beziehungskonstellation/ Rollenverteilung**	
	4 **Endpunkt der Szene**	

Die zweite Szene: „Im Angesicht des Todes"
(S. 20–31) – Lösung

■ *Ergänzen Sie die vorstrukturierte Gegenüberstellung unterrichtsbegleitend.*

Julie		August
• 7. Monat, benannt nach Julius Cäsar • abgeleitet vom römischen Geschlecht der Julier • lat. Iovilius: dem Jupiter geweiht, die Heitere, Glänzende • franz.: die Hübsche[1] • Variante von Julia, vgl. z. B. Shakespeare	**1** **Charakterisierende Namensgebung: Herkunfts- und Bedeutungsvarianten**	• lat. Augustus, 8. Monat, nach dem Kaiser Augustus benannt • lat. heilig, ehrwürdig • „dummer August": Clownfigur aus Zirkus/Gehilfe des Weißclowns (seit 19. Jh.) • Nickname aus dem Chat als Reaktion auf Julie?
• Schweigebedürfnis • Distanz zur Natur • Pathos (Tod) • Selbstbeherrschung • Gefühlskälte • gibt sich „glücklich" (vgl. Name) • demonstriert Entschlossenheit	**2** **Gefühle am Rand des Abgrunds** (Textstellen als Beleg notieren)  ←――――→	• Redebedürfnis • Natur beeindruckt ihn • Verwirrtheit • Angst • Wut • Misstrauen • Betroffenheit • Trotz • Zaudern
demonstriert Überlegenheit, provoziert, aber braucht Halt beim Heruntersehen	**3** **Beziehungskonstellation/ Rollenverteilung:** **komplementär**	wirkt hilflos, verzweifelt, überfordert, aber Julie braucht ihn
Beide kriechen …	**4** **Endpunkt der Szene:** **– abhängig voneinander –**	… zur Felskante.

[1] In der Uraufführung stellt sich Julie in der Aussprache als [dschuli] vor, der Name wird also nicht franz. ausgesprochen.

Die Entwicklung der beiden Figuren und ihre Beziehung. Szene 3

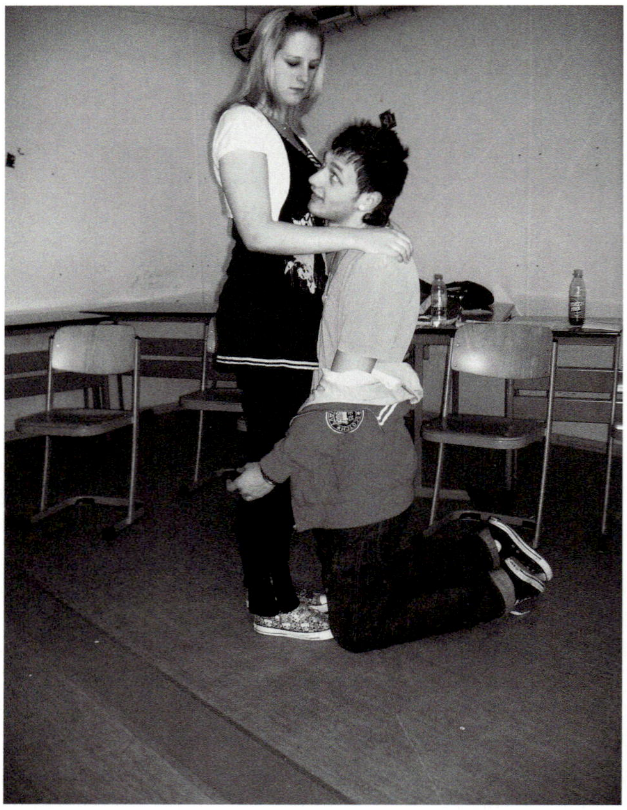

Dies ist ein Beispiel für ein **Standbild**, eine Methode zur Literaturinterpretation, hier zu einer Mann-Frau-Beziehung in einem Roman.

Ein Standbild ist eine aus lebendigen Menschen gebildete und wie ein Denkmal erstarrte Figurengruppe. Dabei soll anhand der **Haltung**, der **Position zueinander**, der **Mimik** und **Gestik** etwas Wesentliches über den Charakter und das Verhältnis von Menschen erkennbar werden. Es wird also keine konkrete Szene dargestellt, sondern symbolisiert, wie Personen „zueinander stehen".

Julie und August über dem Abgrund

Sie können heute wahlweise Textstellen stichpunktartig auswerten oder zu einer Textstelle ein Standbild entwickeln. Insgesamt brauchen wir vier Gruppen.

Zwei Gruppen werten Textstellen aus:

- *Werten Sie die Textstelle aus und notieren Sie sich Wichtiges: Wie verhalten sich Julie und August? Charakterisieren Sie das deutlich werdende Verhältnis zwischen beiden.*
- *Tauschen Sie sich aus und bestimmen Sie einen Gruppensprecher, der die Ergebnisse zusammenfassend vorstellt.*

Gruppe 1: S. 32 oben – S. 35 Mitte [August: „Ich bring dich um, verdammt."]
Gruppe 3: S. 35 Mitte [Julie: „Super!...] – S. 37 unten

Zwei Gruppen entwickeln Standbilder:

Gruppe 2: S. 32 oben – S. 35 Mitte [August: „Ich bring dich um, verdammt."]
Gruppe 4: S. 35 Mitte [Julie: „Super!...] – S. 37 unten

Die beiden Gruppen 2 und 4 sollten aus Schülerinnen und Schülern zusammengesetzt sein. Jede Gruppe arbeitet in einem anderen Raum. Sie haben insgesamt 30 Minuten Zeit. Dann kommen Sie bitte zurück in den Klassenraum. Arbeitsschritte für die Gruppenarbeit:

1. *Lesen Sie in der Gruppe zunächst die Ihnen zugewiesene Textstelle laut vor.*
2. *Tauschen Sie sich gemeinsam über das „Bild" aus, das von der Beziehung zwischen Julie und August entsteht. [10–15 Min.]*
3. *Bauen Sie ein Standbild, das das dargestellte Verhältnis zwischen den Figuren abbildet, das zeigt, wie sie „zueinander stehen". [10–15 Min.]*

Wie bildet man ein Standbild?
Nach dem Austausch über Ihre Vorstellungen von dieser Beziehung überlegen Sie, wie diese dargestellt werden könnte. Wie müssten die Position, die Haltung, die Mimik und Gestik der Personen aussehen? Symbolisieren Sie Über- und Unterlegenheit, Nähe bzw. Distanz, Gefühle etc.

Eine Schülerin und ein Schüler werden als Darsteller ausgewählt und gehen in Position. Nun wird das Standbild Schritt für Schritt aufgebaut, indem die anderen korrigieren bzw. Verbesserungsvorschläge machen ... bis das Standbild Ihren Vorstellungen entspricht.
Die Darsteller erstarren und alle prägen sich das Standbild ein, sodass es wiederholbar ist.
Als Erinnerungsstütze kann auch eine Aufnahme (Handy) gemacht werden.

Präsentation und Auswertung

Die **Sitzordnung wird verändert.** Da die Tische stören, kommen diese an den Rand – Sitzordnung im offenen Halbkreis.

Zunächst wird das erste Standbild vorgestellt:
1. Die Darsteller gehen in ihre Positionen, die Gruppenmitglieder korrigieren ggf.
2. Das Standbild bleibt etwa 30 Sekunden stehen.
3. Die „Zuschauer" beschreiben anschließend, was sie wahrgenommen haben und was das Standbild in ihren Augen symbolisiert.
4. Darauf erläutert die Darstellergruppe kurz ihr Standbild.
5. Die Gruppe, die diese Textstelle stichpunktartig ausgewertet hat, stellt ihre Ergebnisse vor und diese werden mit dem Standbild verglichen.
6.–10. (Ablauf für das zweite Standbild vergleichbar.)
11. Abschließend wird ein Schlussvergleich gezogen und die Ergebnisse hinsichtlich der Entwicklung der Beziehung zwischen Julie und August werden festgehalten.

Baustein 3

Sprache – Denken – Wirklichkeit im Paradoxen

Nach Erarbeitung des Dramas bis zum Wendepunkt der Handlung kann innegehalten werden, um die komischen Züge – Bauersima treibt seine Figuren bis an den Rand der Komödie – wahrzunehmen sowie in ihrer Funktion aufzuklären und/oder um das philosophische Fundament von Augusts Wahrnehmungsskepsis zu beleuchten. Beide Aspekte eignen sich für eher leistungsstärkere Lerngruppen.

3.1 Schwarze Paradoxien: „den Tod erleben"?

Die Ernsthaftigkeit der Suizidproblematik, aber auch das Spiel mit der Angst bzw. mit echter Betroffenheit durch das Theater werden von Bauersima immer wieder unterlaufen, indem er seine Protagonisten der Lächerlichkeit preisgibt. Sprachkomik und Situationskomik fließen dabei ineinander, indem die beiden ihren Tod echt erleben wollen und damit im Paradoxen agieren. Sie denken über das Undenkbare nach und schwatzen über das Unfassbare, etwa Gefühle im Moment des Todes oder die Professionalität bei der Selbsttötung, was absurd ist. Indem sie dabei immer wieder recht naiv in sprachliche Fettnäpfchen treten und sich in Sinnlosigkeiten verstricken, wird es komisch. Das Stück lebt von der Absurdität der Situation – zwei Selbstmörder auf der Suche nach dem Leben – und deren Artikulation in aberwitzigen Dialogen. Bauersima lässt Julie und August im Angesicht des Todes auf dem Niveau von Sitcoms plaudern, sodass Pointen entstehen, die weniger grotesk sind, als vielmehr Züge des schwarzen Humors tragen.
P. Nusser[1] zeigt als Parallele zwischen Groteske und Schwarzem Humor auf, dass beide von der Vereinigung des Komischen mit dem Tabuisierten, Grausigen leben. Während die Groteske aber das Grauenerregende beunruhigend stärker ausmalt, spielt der Schwarze Humor mit dem Tabuisierten, bringt dieses zur Anschauung und erlaubt aus der Distanz ein Lachen über verdrängte Ängste. Der Schwarze Humor geht mit Tabus respektlos um und wirkt befreiend, weil wir das Spiel gefahrlos aus der Distanz verfolgen und genießen können. Die Ästhetisierung in der Literatur befördert diese Distanz noch, so Nusser: „Bedingung für das Lachen über Schwarzen Humor ist das Gefühl der Erleichterung, die signalisierte Gefahr nicht ernstlich auf die eigene Existenz beziehen zu müssen. Indem man die Gefahrlosigkeit des in der ästhetischen Vorgabe wiedergekehrten Verdrängten erkennt, kann man den entbehrlich gewordenen Reaktionsaufwand als Lachen abführen."[2] Und so bleibt angesichts von Julie und Augusts absurden Plaudereien eigentlich auch nicht „das Lachen im Halse stecken", höchstens die Erinnerung an den authentischen Fall ruft zur Ordnung und führt damit zur Ernsthaftigkeit zurück. Bauersima taucht die Zuschauer nicht ins Wechselbad dieser Gefühle zwischen Lachen und echter Betroffenheit, weil er auch inszenatorisch nie die Illusion aufhebt und damit die Ästhetisierung immer bewusst macht.
Kopfschüttelnd verfolgt der Zuschauer, wie die beiden „Helden" sich mit „Jahrtausendwechselproblemen" herumschlagen, und das im Tonfall banalen Sprachverfalls. Bauersimas gro-

1 Vgl. Arbeitstexte für den Unterricht: Schwarzer Humor. Einleitung des Hg.s P. Nusser, Reclam Stuttgart 1987.
2 a.a.O., S. 12

teske Konstruktion dieser beiden pubertären Lebensentwürfe vor dem Hintergrund vermeintlich realer Tragik wird vonseiten des Autors also nicht instrumentalisiert, um Betroffenheit zu erzeugen, es ist eher der Zuschauer selbst, der die Leichtigkeit dieser schwarz-humorigen Auseinandersetzung zensiert.
Die Paradoxien als Sprachfigur korrespondieren mit Augusts Wahrnehmungsskepsis als Denkfigur [vgl. 3.2] und verweisen auf ein existenzielles Wahrnehmungsdilemma, das namhafte Philosophen bzw. Aphoristiker erörtert haben. Woher kann der Mensch wissen, dass ihn seine Wahrnehmung, die eine subjektive ist, nicht trügt? Gibt es eine echte Objektivität oder ist alles nur „Fake"? Nur im Uneigentlichen ist das Eigentliche zu fassen; August bemüht philosophische Vordenker, um im Paradoxen das Tiefsinnige hinter dem Widersinnigen aufscheinen zu lassen. Bauersima verquickt die Banalität mit philosophischer Weisheit – wiederum mit viel Ironie: Pubertäre Furcht vor der Scheinhaftigkeit des Seins gibt Anlass zum postmodernen Spaß am Zitat, das angesichts virtueller Wirklichkeitsdekonstruktion an Diskurse abendländischer Philosophiegeschichte erinnert und diese respektlos unterlegt. Das wirkt dann wiederum im Vergleich zum Schwarzen Humor mit dem vermeintlich Todernsten eher irritierend grotesk.

Der Unterricht wird durch die Wahrnehmung der beiden Cartoons auf dem **Arbeitsblatt 10**, S. 58, eröffnet.

- *Vergleichen Sie beide Cartoons.*
- *Wodurch entsteht Komik und wie wirkt diese auf den Betrachter?*

Die Wahrnehmung der Zeichnungen wird durch die Anwendung der Definitionen vertieft.

- *Erklären Sie Aussage und Wirkung der Cartoons unter Rückgriff auf die Definitionen.*

Bei schwächeren Klassen helfen die Satzanfänge dabei, die Textaussagen mit eigenen Worten komprimiert zu fassen:

- *„Schwarzer Humor entsteht, wenn …"*
  „Man lacht über Schwarzen Humor, weil …"

Dann folgt die Anwendung auf das Drama, indem zunächst jeder drei Textstellen heraussucht, die komisch wirken:

- *Eine Reihe von Äußerungen von Julie und August wirken komisch. Suchen Sie drei Textstellen (S. 11 – 37) und erklären Sie, wodurch die Komik jeweils entsteht.*
- *Bearbeiten Sie abschließend die Aufgabe 3 auf dem Arbeitsblatt 10.*

Eine Folie wird ausgegeben, auf der verschiedene Textstellen durch die Lerngruppe notiert werden sollen, während die Folie in der Arbeitsphase weitergereicht wird. Folgende Textstellen könnten dabei genannt werden:

Sprach- und Situationskomik in den Szenen 1–3:

S. 13	August:	„wenn einer voll im Leben steht, da kann ich Gift drauf nehmen ...".
S. 16	Julie:	„Hast du dich schon mal umgebracht?"
	August:	„Ich bin kein Anfänger."
S. 20	Julie:	„Lang lebe der Tod."
S. 24	August:	„Ich habe immer gehofft, dass ich den kurzen Moment von Leben nicht verpasse, wenn er sich mal einstellt."
S. 27	Julie:	„Ich will, dass sich mein Leben erfüllt, richtig bis zum Ende."
S. 33	Julie:	„Da kannst du Gift drauf nehmen."
S. 33	Julie:	„Ich hab mich noch nie umgebracht."
S. 34	Julie:	„Schlafen kannst du, wenn du tot bist, noch genug ..."
S. 35	August:	„Wenn du nicht aufhörst ... Ich bring dich um, verdammt."

Nach der Erarbeitung der Textstellen und deren Komik erfolgen im Unterrichtsgespräch erst die Auswertung der Ergebnisse zu den gestellten Aufgaben und dann der Transfer auf die eingangs besprochenen Cartoons. Folgende Impulse vertiefen die Auseinandersetzung:

- *Was offenbart die Komik über die beiden Hauptfiguren?*
- *Vergleichen Sie die Komik im Stück mit den Cartoons und deren Wirkung.*
- *Welche Wirkung erzielt Bauersima beim Zuschauer? Was verrät dies über die Aussageabsicht des Autors?*

Mithilfe des folgenden Tafelbildes kann das Unterrichtsgespräch auf den Punkt gebracht werden:

Komik im Angesicht des Todes

→ Lächerlichkeit der Figuren, die tragische Erhabenheit beanspruchen

→ Abbild unserer paradoxen von Medien vermittelten Wirklichkeit, in der man sich im Leben nicht mehr lebendig fühlt

→ Imitation von sprachlicher Sorglosigkeit und Sinnentleerung

↓

Der Zuschauer behält ironische Distanz.

Auf Wunsch kann dem Phänomen des Schwarzen Humors noch weiter auf den Grund gegangen werden, indem das gleichnamige **Zusatzmaterial 4**, S. 107, eingesetzt wird. Hiermit können die psychologischen Wirkmechanismen bzw. die Abgrenzung zu anderen Spielarten des Humors unter die Lupe genommen werden.

3.2 August und die Philosophie: Kants Kritiken, Ciorans Nihilismus

Bereits bei seiner Vorstellung im Chatroom benennt August sein Schlüsselproblem, nämlich das Echte in einer Welt aus „Fake" nicht erleben zu können. Dies untermauert er mit der menschlichen Erkenntnisdisposition: Der Mensch könne die Dinge an sich, das Echte, nicht wahrnehmen, die Erkenntnis könne Selbstbetrug sein und sei dem „fake" unterworfen (vgl. S. 13). In der Begegnung mit Julie online kommt er noch einmal darauf zurück, als sie das Stichwort „Vernunft" für ein kleines Ratespiel einbringt. August zeigt sich als Schüler mit Halbwissen: „Da war doch dieser Philosoph ..."(S. 18). Die Vernunft sei ein unvernünftiges Konzept, da sie sich auf Augen und Ohren verlasse, welche die Dinge an sich nicht „echt" wahrnehmen könnten (S. 18). Erst später fällt ihm der Name wieder ein, als er bereits real in den Abgrund in Norwegen schaut. „Kant heißt er" (S. 31). Gerne würde er da seinen Augen misstrauen, dann wäre der Abgrund besser zu ertragen.
August bedient sich also bei **Immanuel Kant**, den er philosophiegeschichtlich richtig mit dem Stichwort „Vernunft" assoziiert. Kants Kritiken widmen sich der Erkenntnistheorie (Kritik der reinen Vernunft, Kritik der praktischen Vernunft, Kritik der Urteilskraft).
Mit den Kritiken verlässt Kant die Position des Rationalismus, nach der alle Erkenntnis Vernunfterkenntnis sei, die die sinnliche Erfahrung erst ordnen müsse. Im Gegensatz zu den Rationalisten vertrat der Empirismus (Bacon, Hobbes, Hume, Locke), dass alle Erkenntnis auf der sinnlichen Erfahrung basiere. Kant suchte diesen Konflikt zu lösen und verwies auf die Einheit von Sinneserfahrung und Verstand, welche sich gegenseitig bedingten. Der Verstand schaffe sich dabei seine eigene Welt und forme das sinnlich aufgenommene Material. Die Erkenntnis sei also eine Vorstellung des Individuums und erfasse die Erscheinung nicht als solche.
Trotzdem gebe es die „Dinge an sich": Wir können sie aber als solche durch sinnliche Wahrnehmung nicht erkennen. Das liegt daran, dass wir im Prozess der Erfahrung/der Wahrnehmung das „Ding an sich" durch eine ordnende Instanz in uns verändern. Diese ordnende Instanz in uns ist ein Bestand an prinzipiellen „Formen", über die *jeder* Mensch in gleicher Weise verfügt.[1] Insofern rezipiert August Kant nur teilrichtig. Seine Schlussfolgerung, alles sei „fake", ja selbst ein herunterfahrender Stuhl könnte nicht mit Gewissheit erkannt werden, verfehlt die Erkenntnistheorie des Philosophen, dessen Name ihm nicht verfügbar gewesen ist. Bauersima lässt dieses erkenntnistheoretische Spiel zu einem inszenatorischen Theaterspiel werden, indem der Stuhl als Bühnentrick hoch- und heruntergefahren wird. Der Trick erzielt Komik, die wiederum August vorführt, der mit pubertärem Halbwissen große Philosophie zu entfalten versucht.

Die philosophisch laienhaften Anleihen des „dummen August" lassen sich dankbar in Kooperation etwa mit Praktischer Philosophie aufgreifen. Sollte der Deutschunterricht hier nicht interdisziplinär begleitet werden können, könnte Überblickswissen (Immanuel Kant und seine „Kritik an der (reinen) Vernunft") auch durch ein kurzes Schülerreferat eingebracht werden. Voraussetzung ist allerdings, dass der Referierende Vorkenntnisse im Fach Philosophie hat.
Dieses Überblickswissen wird dann mit Bezug auf die Textstellen vertieft. Hierzu wird das **Arbeitsblatt 11**, S. 59, eingesetzt.

[1] Vgl. Gunnar Skirbeck und Nils Gilje: Geschichte der Philosophie, Frankfurt am Main 1993.

Paarweise werden die zwei Teilaufgaben des Arbeitsblattes bearbeitet.

- *Lesen Sie den Textauszug I und erarbeiten Sie die Kernaussagen, indem Sie diese mit eigenen Worten in zwei bis drei Sätzen zusammenfassen. Stellen Sie Bezüge zu Augusts Monolog im Chat her (S. 13).*
- *Lesen Sie den Textauszug II und erarbeiten Sie die Kernaussagen, indem Sie diese mit eigenen Worten in zwei bis drei Sätzen zusammenfassen. Stellen Sie Bezüge her zu Augusts Erläuterungen zur Vernunft (S. 18/19).*

Anschließend tauscht ein Partner mit einem Partner eines benachbarten Paares, sodass die Paare in neuer Zusammensetzung verschiedene Ergebnisversionen einander vorstellen und präzisierend abgleichen können.
Im Unterrichtsgespräch werden dann nur noch einmal besonders prägnante Zusammenfassungen abgerufen: Anschließend werden die Bezüge zum Drama hergestellt und erörtert.

- *Beurteilen Sie, inwiefern August Kant mit seinen Bezugnahmen gerecht wird.*
- *Was offenbart dies über die Figur des August?*

Ein weiterer geistiger Vater von Augusts Weltanschauung ist **Emil Cioran**:
In der letzten Szene versuchen die beiden einen, authentischen Abschiedsgruß per Videokamera zu konservieren, und scheitern so lange, bis August das tut, was ihn an der Wirklichkeit am meisten stört, er „fakt", indem er aus einem Buch zitiert, ohne dies als Zitat kenntlich zu machen (S. 60).
Er beeindruckt Julie mit den Aphorismen eines radikalen Skeptikers, ohne den Autor preiszugeben. Die Zitate stammen von E.M.Cioran, wie Barbara Burckhardt im Nachwort offenbart (vgl. 187). Bauersima gibt den geistigen Urheber ebenfalls nicht preis, spielt – typisch postmodern – mit fremdem Gedankengut und lässt August sich quasi stellvertretend für diesen „fake" schämen. August identifiziert sich mit Ciorans in Paradoxien gebannte Lebenszweifel, welche Aphorismen der Verneinung sind.

Emil Cioran stammte aus Rumänien, studierte Philosophie und lebte später als freier Schriftsteller in Paris, wo er 1995 verstarb. Sein philosophisches Werk ist desillusionistisch, nihilistisch, er wurde deshalb auch als „Nietzsche unserer Tage" betitelt. Bereits als Zwanzigjähriger schrieb er in *„Auf den Gipfeln der Verzweiflung"*[1]:

> „Ich weiß überhaupt nicht, weshalb wir hienieden etwas tun, warum wir Freude und Bestrebungen, Hoffnungen und Träume haben müssen. [...] Aber was gibt es in dieser Welt schon zu gewinnen? [...] Es gibt keinerlei Argumente für das Leben."

Die Selbsttötung ist der Gipfel von Ciorans existenziellem Ringen mit der Schöpfung und mit Gott, der letztmögliche Akt der Freiheit. Insofern liefert Cioran Julies und Augusts Vorhaben die philosophische Legitimation.
Die Anziehungskraft der Aphorismen Ciorans dürfte nicht zuletzt durch die Figur des Paradoxons erzielt werden: „Wir rennen nicht dem Tod entgegen, wir fliehen vor der Katastrophe der Geburt, wir zappeln uns ab; Gerettete, die vergessen möchten".[2] Diese Paradoxien bilden die Widersprüchlichkeit menschlicher Existenz ab, für die der Philosoph keine Hoffnung hat. Auch für die Protagonisten ist das Denken und Formulieren in Paradoxien kennzeichnend (vgl. 3.1), allerdings ohne intellektuelle Erhabenheit. So sind Julie und August den Philosophen nicht gewachsen bzw. flüchten sich auf fremdes geistiges Terrain, nur um sich

1 ders. a.a.O., Frankfurt a.M. 1997 (Neuauflage)
2 zitiert nach: Zeit online – Literatur: Schlaflos am Abgrund (http://www.zeit.de/2010/24/L-S-Cioran?page=1)
3 a.a.O., Frankfurt a. M. 1979

nicht dem Leben stellen zu müssen. Bauersima führt mit August einen jungen postmodernen Menschen vor, der von vielem ein Halbwissen hat und der sich mit Zitaten schmückt, weil er selbst nicht weiß, wer er ist.
Im Klappentext zu Ciorans „Vom Nachteil, geboren zu sein“[3] wird die zersetzende Unnachsichtigkeit seiner Philosophie herausgestellt: „Auch das Denken selbst noch, das den Trug zu entlarven sich anschickt, entpuppt sich als Trug und Selbstbetrug.“ Hier spitzt Cioran die Erkenntnisproblematik, die August ja zunächst fälschlich Kant zuschreibt, radikal zu: Mit Augusts Worten: alles ist eben „fake“. „Das echteste Gefühl, das ich haben kann, ist das Gefühl des Nichts“ (S. 13).

Mit Schülern empfiehlt es sich vielleicht nicht, die destruktive Philosophie Ciorans zu vertiefen. Möglicherweise zöge sie den einen oder anderen in ihren Bann, sodass das geschieht, was Bauersima durch seine komödiantischen Verzerrungen verhindert. Aus diesem Grunde ist diese zweite philosophische Anleihe auch nicht mit weiteren ergänzenden Texten für Schülerhand aufbereitet.
Vielmehr sollte eine kurze Information durch die Lehrkraft erfolgen, in welchem Zusammenhang August einen weiteren Philosophen zu zitieren versucht und um wen es sich dabei handelt. Dann werden die Zitate aus der letzten Szene isoliert betrachtet: S. 59.

- *Welche Einstellungen werden hier deutlich?*
- *Wie bewerten Sie diese Einstellungen?*

Der Tod wird als Erlösung betrachtet, das Leben als existenzielles Problem. Der Mensch möchte das Leben lieben und glücklich sein, aber dies ist unmöglich, solange man von diesen Gefühlen abhängig ist. Erst die Selbstaufgabe, die möglicherweise in der Selbsttötung gipfeln könnte, eröffnet wahres Glück.

- *Inwiefern passen diese „Lebensweisheiten“ zu der Figur August?*
- *Warum bedient sich August mehrfach bei philosophischen Vordenkern?*

Notizen

Komik im „Angesicht des Todes"

1. *Vergleichen Sie beide Cartoons.*

2. *Erklären Sie Aussage und Wirkung der Cartoons unter Rückgriff auf die unten stehenden Definitionen.*

Definitionen des Begriffs „Schwarzer Humor":

Schwarzer Humor, Spielart des Humors: Makabres[1], Groteskes[2] und v. a. Tabubereiche (Verbrechen, Krankheit, Tod) werden in unsinnigen oder paradoxen Bezügen unangemessen verharmlost, als normal und selbstverständlich dargestellt. Die kom. Wirkung entsteht dadurch, dass der Stoff und seine Behandlung nicht adäquat sind.

Meyers Enzyklopädisches Lexikon

„Bedingung für das Lachen über *Schwarzen Humor* ist das Gefühl der Erleichterung, die signalisierte Gefahr nicht ernstlich auf die eigene Existenz beziehen zu müssen. Indem man die Gefahrlosigkeit des in der ästhetischen Vorgabe[3] wiedergekehrten Verdrängten erkennt, kann man den entbehrlich gewordenen Reaktionsaufwand als Lachen abführen. [...] Nach diesen Überlegungen lässt sich die Frage, was *Schwarzer Humor* denn nun eigentlich sei, deutlicher beantworten. *Schwarzer Humor* ist eine Bewusstseinshaltung, die mit den aus Angst verdrängten Bereichen unseres Lebens spielerisch umgeht, und zwar so, dass sie ebendiese Bereiche und den von der Norm abweichenden Umgang mit ihnen zur Anschauung bringt."

Aus: Peter Nusser: Schwarzer Humor. Arbeitstexte für den Unterricht. Stuttgart: Reclam 1987

3. *Ziehen Sie Parallelen zu der Komik und ihrer Funktion im Stück „norway.today". Berücksichtigen Sie dabei auch die folgende Definition:*

Paradoxon (griech. = Unerwartetes), scheinbar widersinnige und zunächst nicht einleuchtende, da der allg. Meinung und Kenntnis widersprechende Behauptung, z. B. Vereinigung gegensätzlicher Begriffe und Aussagen über e. Objekt (→ Antithese), die sich jedoch bei näherer Betrachtung als richtig erweist: „Das Leben ist der Tod, und der Tod ist das Leben". Urspr. Bz. für solche Sätze der Stoiker[4], die durch eigentümlich schillernde, vieldeutige Formul. Auflage ierung der Erfahrung zu widersprechen scheinen.

Gero von Wilpert: Sachwörterbuch der Literatur, 8. Auflage 2001, Alfred Kröner Verlag Stuttgart

---

1 **makaber:** franz. schaudererregend, unheimlich;
2 **grotesk:** verfremdende derbkomische Dichtart, verstörende Vereinigung des Komischen und Grausigen
3 **ästhetische Vorgabe,** hier: künstlerische Darstellung in Bild oder Wort
4 **Stoiker:** Anhänger der Stoa, einer philosophischen Schule der Antike

August und die Philosophie

1. *a) Lesen Sie den Textauszug I und erarbeiten Sie die Kernaussagen, indem Sie diese mit eigenen Worten in zwei bis drei Sätzen zusammenfassen.*
b) Stellen Sie Bezüge zu Augusts Monolog im Chat her (S. 13).

2. *a) Lesen Sie den Textauszug II und erarbeiten Sie die Kernaussagen, indem Sie diese mit eigenen Worten in zwei bis drei Sätzen zusammenfassen.*
b) Stellen Sie Bezüge zu Augusts Erläuterungen zur Vernunft her (S. 18/19).

Immanuel Kant (1724–1804)

Zwei Auszüge aus Immanuel Kants „Kritik der reinen Vernunft"

I – S. 127

„Wir haben also sagen wollen, dass alle unsre Anschauung nichts als die Vorstellung von Erscheinung sei; dass die Dinge, die wir anschauen, nicht das an sich selbst sind, wofür wir sie anschauen, noch ihre Verhältnisse so an sich selbst beschaffen sind, als sie uns erscheinen, und dass, wenn wir unser Subjekt oder auch nur die subjektive Beschaffenheit der Sinne überhaupt aufheben, alle die Beschaffenheit, alle Verhältnisse der Objekte in Raum und Zeit, ja selbst Raum und Zeit verschwinden würden, und als Erscheinungen nicht an sich selbst, sondern nur in uns existieren können. Was es für eine Bewandtnis mit den Gegenständen an sich und abgesondert von aller dieser Rezeptivität unserer Sinnlichkeit haben möge, bleibt uns gänzlich unbekannt. Wir kennen nichts als unsere Art, sie wahrzunehmen, die uns eigentümlich ist, die auch nicht notwendig jedem Wesen, ob zwar jedem Menschen, zukommen muss."

II – S. 131

„Wenn ich sage: im Raum und der Zeit stellt die Anschauung, sowohl der äußeren Objekte, als auch die Selbstanschauung des Gemüts, beides vor, so wie es unsere Sinne affiziert, d.i. wie es *erscheint:* so will das nicht sagen, dass diese Gegenstände ein bloßer *Schein* wären. Denn in der Erscheinung werden jederzeit die Objekte, ja selbst die Beschaffenheiten, die wir ihnen beilegen, als etwas wirklich Gegebenes angesehen, nur dass, so fern diese Beschaffenheit nur von der Anschauungsart des Subjekts in der Relation des gegebenen Gegenstandes zu ihm abhängt, dieser Gegenstand als *Erscheinung* von ihm selber als Objekt *an sich* unterschieden wird. So sage ich nicht, die Körper *scheinen* bloß außer mir zu sein, oder meine Seele *scheint* nur in meinem Selbstbewusstsein gegeben zu sein, wenn ich behaupte, dass die Qualität des Raumes und der Zeit, welcher, als Bedingung ihres Daseins, gemäß ich beides setze, in meiner Anschauungsart und nicht in diesen Objekten an sich liege. Es wäre meine eigene Schuld, wenn ich aus dem, was ich zur Erscheinung zählen sollte, bloßen Schein machte."
[Anm.: Kursivsetzungen aus dem Original]

Immanuel Kant: Kritik der reinen Vernunft, § 8 Allgemeine Anmerkungen zur transzendentalen Ästhetik; zitiert nach: Immanuel Kant: Die Kritiken. Frankfurt am Main: Zweitausendeins Verlag 2008

Baustein 4

Abschied – ein echter „Fake"

Die in diesem Baustein angebotenen Unterrichtsvorschläge beziehen sich auf den gesamten Dramentext der letzten beiden Szenen. Um den Unterricht nicht zu überfrachten, bietet es sich an – je nach konkretem Unterrichtsverlauf – eigene Schwerpunkte zu setzen und auszuwählen. Z. B. können die Polarlicht-Szene sowie die sich anschließenden erotischen Fantasien durch den Mitschnitt der Uraufführung vorgestellt werden und optional auch nur kurz im reflektierenden Unterrichtsgespräch abgehandelt werden.

4.1 Das Polarlicht – ganz echt!

Zunächst wird der erste Szenenabschnitt, S. 37–42, zum Unterrichtsgegenstand: In dieser sich dem Kampf am Abgrund anschließenden Szene werden Julie und August etwas Echtes erfahren, allerdings nicht ihren Tod, sondern unberechenbar ein Naturwunder, das Polarlicht. Ironischerweise inszeniert Bauersima bei der Uraufführung diesen Moment der Echtheit erstmals mit virtuellen Mitteln, welche dann im Zuge des Gesprächs über erotische Fantasien tragende Funktion erhalten, wenn Live-Aufnahmen projiziert werden und ein ständiger Wechsel zwischen Bühnenaktion und deren Abbild in der Projektion die Perspektive splittet.

Die Szene wird zur Gelenkstelle: Nach der Entdeckung, gar nicht wirklich sterben zu wollen, folgt die Entdeckung der Liebe als Option, „echt" sein zu können und zu leben.

Nachdem August Julie wieder hinaufgezogen hat und während Julie die Vorbereitungen für den hereinbrechenden Abend trifft, bleibt August am Bühnenrand sitzen, wobei sich die Schräge absenkt. Das Licht wird gedimmt und auf der nun wieder ansteigenden Schräge steht links hinten ein von innen beleuchtetes Igluzelt. August blickt Richtung Publikum, „da war so ein Licht" (S. 38), und macht Julie auf das Phänomen aufmerksam. Zunächst ist sie ungläubig: „eine Erleuchtung" (S. 38). Dann werden alle – auch die Zuschauer – dieser Lichterscheinung gewahr: Für die Figuren ganz „echt" erzielt die Projektion Bühnenkomik. Unregelmäßig bewegt sich ein gelbgrünes Lichtband auf der Projektionsfläche hin und her, während Julie schnell die Videokamera aus dem Zelt holt und filmt. August kann nicht glauben, dass er das Licht gerade „echt" erlebt hat. Sein Wunsch, einmal etwas Wahres zu erleben, ist gerade in Erfüllung gegangen. Ironischerweise kann sich Julie diesem Moment nicht unmittelbar stellen, nur indem sie ihn auf Video zu konservieren sucht, gleichsam als Videobeweis. August muss wieder räsonieren und denkt über den Widerspruch zwischen Größe des Lichts und Wahrnehmbarkeit nach. Das findet Julie an ihm „süß" (S. 39). Beide schauen sich dann die Aufnahme auf dem Kontrollmonitor immer wieder an und müssen enttäuscht feststellen, dass das Video die Wirklichkeit nicht adäquat einfangen konnte. Der Zuschauer verfolgt auf der Projektionsfläche das Flackern mit: Sieht man, was Julie und August auf dem Monitor sehen, oder verpassen die beiden am Monitor gerade weitere echte Lichterscheinungen, also das echte Leben?

Julie küsst August und gesteht ihm, nicht ehrlich gewesen zu sein. Sie, die den Todesmoment als ehrlichen einstuft, gibt zu, nicht ehrlich sein zu können, im Angesicht des Todes – wiederum eine komische Paradoxie, die die Widersprüchlichkeiten der Figur offenlegt: Julie klagt die Gesellschaft an, immer eine Rolle spielen zu müssen, und spielt selbst eine Rolle, ganz auf Außenwirkung und Fassade bedacht. Das echte Licht hat auch sie aus der Reserve gelockt und sie kann Gefühle zeigen. Sie gestehen, einander zu mögen, und wiederum muss Julie diesen Moment echter Gefühle filmisch dokumentieren. August verweigert sich, die Kamera ist nicht sein Adressat und er nicht Julies Befehlsempfänger. Er nimmt die Kamera, dreht den Spieß um und filmt sie. Da wird Julie wieder ganz sachlich, will den Selbstmord abwickeln und erinnert geschäftig an die Vorräte und das gemeinsame Vorhaben. Dabei fällt ihr ein, dass dies letztlich ein Freibrief ist, noch einmal „die Sau rauszulassen" (S. 40) und das Denken auszuschalten. Sie will Augusts Zuneigung, ein Geständnis, per Video festhalten. Julie lässt nicht locker, will ganz voyeuristisch seine Gefühle aufnehmen und erpresst ihn: „wenn nicht ..., spring ich" (S. 41). Bauersima führt ganz medienkritisch vor, dass das Medium Film eben den „Fake" erzielt und pseudodokumentarische Formate auch den Respekt vor menschlichen Gefühlen vor und für die Kamera untergraben. August quittiert diesen Vertrauensbruch sowie ihren Manipulationsversuch mit „Heil Hitler!" (S. 41) – es bleibt in der Schwebe, ob er sie damit abstrafen, durch Schock zur Räson bringen will, den sanktionsfreien Spielraum ausnutzt oder seinerseits provokant mit dem Medium kokettiert: Tabubrüche machen Quote. Doch Julie ist empört, duldet diesen Tabubruch nicht; August verweist indirekt auf ihren Vertrauensbruch, indem er nach der Kamera fragt. Julie hat sie mitgenommen, „damit was bleibt" (S. 42). Wiederum bleibt fragwürdig, ob Julies voyeuristisches Motiv, zu sehen, wie einer stirbt (S. 27), ausschlaggebend für die Mitnahme der Kamera gewesen ist oder ob es primär um einen medialen Abschiedsgruß gehen soll. August appelliert an sie, sich der Echtheit der Situation endlich zu stellen, indem er sie mit dem Wunsch konfrontiert, mit ihr schlafen zu wollen. Julie ist irritiert: „Warum sagst du das?" (S. 42). Hier wird deutlich, dass beide bewusst mit der Uneindeutigkeit ihrer Kommunikationsimpulse spielen und auf der Beziehungsebene weiterhin ihre Auseinandersetzung um Über- und Unterlegenheit weiterführen. Julie versteht die Beziehungsbotschaft, in der es um mehr als erotische Anziehung geht, und pariert, indem sie ganz sachlich nach einem Kondom fragt. Nun ist August schachmatt gesetzt und Julie triumphiert, demütigt ihn makaber. Die Sorge um eine Schwangerschaft kurz vor dem vermeintlichen Suizid ist eigentlich ihr Denkfehler gewesen. Sie ertappt sich selbst dabei, zieht sich auf das absurde Verlegenheitsansinnen „mich frisch machen" (S. 42) zurück und sie verschwindet statt ins Bad mit August und der Kamera im Zelt.

Je nach zur Verfügung stehender Zeit für die Unterrichtsreihe bleiben verschiedene Varianten der Unterrichtsrealisation: Die Kurzversion bestünde z. B. im Ansehen und Besprechen des Mitschnitts der Uraufführung „Polarlicht-Szene", die auf einer DVD zum Praxis-Deutsch-Heft 181[1] im Handel verfügbar ist. Etwas ausführlicher ist die an dieser Stelle ausgeführte Variante, die anschließend die Kommunikationsdimensionen des Dialogs exemplarisch untersucht und reflektiert. Nur angedeutet wird eine Form der szenischen Interpretation auf der Grundlage von Schlüsselbegriffen.

Natürlich muss der Mitschnitt nicht gezeigt werden, ersatzweise können zentrale Textabschnitte mit verteilten Rollen vorgetragen werden. Die Regieanweisungen geben detaillierte Hinweise auf das konkrete Bühnengeschehen.

Die Erarbeitung der Dramenszene kann durch hinführende Aufgaben (vgl. **Arbeitsblatt 12**, S. 74) vorbereitet werden, wodurch der Unterricht entlastet wird.

- *Lesen Sie den Szenenabschnitt S. 37 unten bis S. 42 unten. Klären Sie, wann Julie und August jeweils zur Kamera greifen und mit welchen Motiven sie dieses tun (Stichpunkte notieren!).*

[1] Praxis Deutsch: Zeitgenössische Theaterstücke, Nr. 181/2003. Friedrich Verlag, Seelze (DVD mit Videoausschnitten sowie Artikeln des Themenheftes)

- *Klären Sie einige interessante Dialogstellen mithilfe der Kommunikationstheorie auf, beginnen Sie mit den auf dem Arbeitsblatt unterstrichenen Äußerungen.*

Die Ergebnisse werden dann später im Zuge der Szenenerarbeitung im Unterricht eingebunden. Ein Lösungsvorschlag als Erwartungshorizont findet sich auf S. 75.

Wer eine problemorientierte Annäherung an die Szene bevorzugt, kann den Unterricht mit folgendem Impuls eröffnen:

- *Warum ist es so schwer, jemandem „ich mag dich" zu sagen?*

Die Präsentation der Szene kann mit der Wahrnehmung der Inszenierung (Vorführung des Mitschnitts „Polarlicht-Szene" auf der DVD) beginnen. Der Mitschnitt zeigt den Szenenabschnitt bis S. 41 „Abgemacht". Alternativ erfolgt ein Lesevortrag S. 37–42. Ein Unterrichtsgespräch schließt sich an:

- *Was passiert in diesem Szenenabschnitt?*
- *[Mitschnitt] Wie beurteilen Sie die Inszenierung?*
- *Wann und warum greifen Julie bzw. August zur Kamera? ... Bedenken Sie dabei, was wir über Augusts Lebensgefühl wissen.*
- *[Mitschnitt] Wie setzt die Inszenierung Video-Projektionen in dieser Szene ein? Welche Wirkung hat dies auf den Zuschauer?*

Vertiefend wird jetzt die im Mitschnitt fehlende Fortsetzung der Szene besprochen, die mit verteilten Rollen vorgetragen wird (S. 41–42 unten).

- *Julie und August kommen sich näher. Was zeigt dieser Szenenausschnitt?*

Das Unterrichtsgespräch wird thematisieren, dass die beiden hin- und hergerissen sind, sich emotional zu öffnen, sich vorwagen, wieder verstecken und letztlich ihre Auseinandersetzung um Über- und Unterlegenheit weiterführen. Der Dialog bildet dieses Hin und Her ab, indem überraschende Reaktionen offenbaren, was unterschwellig mitgeteilt wird bzw. ankommt. Hier ist die Anwendung des „Vier-Seiten-Modells" von Schulz von Thun geeignet, um die Mitteilungsebenen genauer zu erfassen bzw. die Reaktionen zu erklären. An dieser Stelle werden die Ergebnisse der vorbereitenden Aufgaben (vgl. **Arbeitsblatt 12**, S. 74) eingebunden:

- *Stellen Sie sich gegenseitig Ihre Ergebnisse aus den Hausaufgaben vor. Teilen Sie sich dabei in der Rolle von Julie bzw. August mit, was sich hinter den Aussagen verbirgt. Überlegen Sie gemeinsam, wie es zu diesen Reaktionen kommt.*

Im Unterrichtsgespräch können dann exemplarisch diese bzw. andere Textstellen noch einmal in ihrer Mehrdimensionalität erläutert werden. Interessant wäre es auch – abhängig vom Reifegrad der Lerngruppe – Augusts Motive zu klären, wieso er Julie auf einmal mitteilt, mit ihr schlafen zu wollen (S. 42). Dies verweist auch auf die Fortsetzung der Szene mit den „erotischen Fantasien".

Alternativ dazu könnte dieser Szenenabschnitt auch szenisch interpretiert werden. In diesem Modell wird ein möglicher Unterrichtsverlauf nur grob skizziert. Abhängig von den Vorerfahrungen der Lerngruppe müssen die Arbeitsaufträge präzisiert werden und schrittweise aufeinander aufbauen. Außerdem sollen „Aufwärmübungen" für das darstellende Spiel auf die textbezogene szenische Interpretation vorbereiten.

Die Schüler lesen den Text mehrfach, Expertengruppen für die Rollen eignen sich das Verhalten der Figur an, indem sie Zentralbegriffe/Kernsätze auf Moderationskarten notieren und sich überlegen, wie sich die Figur körpersprachlich dazu verhält.
Gemeinsam wird dann grob der Ablauf des szenischen Anspiels besprochen und begründet: Gestaltung des Raums, Bewegung/Positionierung im Raum. Einziges Requisit ist eine Kamera, die aber ausgeschaltet bleibt, also nicht zur Projektion verwendet wird.
Die Darsteller agieren frei unter Zuhilfenahme der Moderationskarten, die als Textstütze dienen, ohne dass die Dialoge originalgetreu aufgesagt werden.
Die Darsteller berichten, wie sie sich in der Rolle gefühlt haben. Dann wird das Verhalten der Figuren ergründet, wobei Impulse aus dem oben ausführlich beschriebenen Unterrichtsverlauf eingebunden werden können.

4.2 Virtuelle Intimität

In dem sich anschließenden Szenenabschnitt (S. 42–49), der eingangs im Igluzelt spielt, wird der Beginn einer Liebesbegegnung vorgeführt, eigentlich eher eine Sexszene, nur dass sie allein in der Vorstellung stattfindet. Die Uraufführung setzt die Videokamera hier so ein, dass die Zuschauer zu Voyeuren werden, wenn das Geschehen im Zelt auf die Leinwand – scheinbar live – übertragen wird. Doch Bauersima bricht auch hier die Illusion wieder auf und führt das inszenatorische Mittel ad absurdum, denn als August aus dem Zelt kommt und seinen Text frontal vor dem Publikum spricht, zeigt die Projektion beide weiterhin im Zelt. Wenig später stellt sich Julie neben August – in sicherer Entfernung – und sie entwickeln eine sexuelle Begegnung im Konjunktiv, lassen sich zu Akteuren eines Kopfkinos werden. Wiederum tritt das Projizierte dialogisch neben die Bühnenhandlung, sodass eben nicht nur abgebildet wird, sondern beide Handlungsebenen sich gegenseitig kommentieren. Auf der Leinwand schauen Julie und August auf die Akteure hinab und hören dem erzählten Geschlechtsakt zu. Dann zeigen die Videobilder die Träume der beiden, entfernen sich von Norwegen: Die Zuschauer sehen, wie beide im Taxi durch die Stadt fahren. Nur an dieser Stelle wird die Einheit des Ortes durchbrochen. Die Handlung verlagert sich in diesen virtuellen Raum, wenn der Ton eingespielt wird, während die beiden auf der Bühne schweigen und vorweg „die Zigarette danach" rauchen.[1] Die Bilder zeigen absurderweise das echte Leben im falschen, das sie bis an den Rand des Abgrunds in die Kälte geführt hat. Das Video wird zur Konkurrenz für das leibhaftige Spiel bzw., mit August gesprochen, für das echte Leben. Die „coolen Fernsehkids"[2] verstecken ihre Schüchternheit hinter dem Konjunktiv, bei dem es „zur Sache geht". Julie und August wollen handeln, wollen Gefühle offenbaren, spielen aber lieber als Statisten eine Rolle im selbst entwickelten pornografischen Film, weil sie es nicht anders kennen, nicht mehr anders als virtuell denken und handeln können und ihre Fassade nicht aufgeben wollen. Bauersima bildet damit die Sexualisierung unserer Gesellschaft ab, die medial vermittelt wird und auch eine sexualisierte Sprache hervorgebracht hat. In dem vorgestellten Geschlechtsakt keimt vorsichtig eine romantische Liebesbeziehung. Ironischerweise bekommt der Zuschauer die echten Sehnsüchte der Figuren als medial vermittelte Authentizität vorgeführt – wiederum ein „Bühnenfake". Mit Julie und August sind also auch die Zuschauer im Wahrnehmungs- und Erlebnisdilemma gefangen.
Beide kauern sich im Zelt nebeneinander, um sich zu wärmen. August möchte wissen, ob Julie solo ist. Aber Julie möchte nicht so privat werden, anscheinend ist es einfacher, über sexuelle Vorlieben zu sprechen. Julie erlebt sich im Film und erinnert sich an die Filmhandlung

---

1 Vgl. Alexandra Freund: Fake ist total real. Das Theater des Igor Bauersima. Kleine Mainzer Schriften zur Theaterwissenschaft. Tectum Verlag, Marburg 2007, S. 86.
2 Burckhardt, S. 187 (Nachwort der Fischer Ausgabe von norway.today)

von „Denn sie wissen nicht, was sie tun“[1]. August spielt den Naiven, beeindruckt mit filmreifen Zitaten und gibt dann doch zu, es nur vom Original abgeschaut zu haben. Sie wissen nicht, ob sie einander trauen können, wer hier „fakt“. Dann küssen sie sich kurz und Julie erträgt die schwindende Distanz nicht, verschiebt den Dialog ins Sexuelle, wobei sie sich emotional nicht aus der Deckung wagen muss. Beide spüren aber, dass die Nähe noch nicht reicht und dass sie ihre Distanz zum echten Leben aufrechterhalten müssen, sonst müssten sie sich jetzt schon eingestehen, dass ihr Suizidplan nicht aufgehen kann. Also überlegen sie im Konjunktiv, wie sie intim werden. „Wouldn't it be nice“... – August erträgt die Nähe bei all dieser herbeifantasierten und herbeigeredeten Intimität nicht, flüchtet aus dem Zelt und wendet sich ans Publikum. Die Sprache hilft bei der Distanzierung. August nennt Julie „Superkatze“ (S. 45) und spricht von einer „Nummer“, agiert „wie irgendein Macker in einem Film“ (S. 46). Julie kommt auch aus dem Zelt, stellt sich ebenfalls frontal zum Publikum sprechend einige Meter entfernt hin, so fällt die virtuelle Nähe leichter: Sie sehnt sich in der Fantasie danach, ihre Fassade fallen lassen zu können: „und alles ... würde anfangen zu bröckeln“ (S. 46). Dann wechselt sie in den Indikativ, „und das Sterben ist vorbei“, „alles *ist* nur noch“ (S. 47) – in ihrem Traum ist der Todeswunsch bereits Geschichte, das (Über-)Leben ganz real und gegenwärtig. Die Gemeinsamkeit wird dann wiederum im Konjunktiv erlebt. August ist es diesmal, der die fiktiven Handlungen in Richtung Geschlechtsakt weitertreibt. Julie möchte nach der fiktiven Nacktheit aber erst einmal beieinander liegen, bevor sie miteinander schlafen. Nun ist August gedanklich bei der Liebe (S. 48) und Julie korrigiert: „ficken“ (S. 48), aber August besteht darauf: „lieben“ (S. 48). Und als er überlegt, welcher Kosename zu Julie passt, wird endgültig klar, dass die Liebe eben auch sprachlos macht. Julie ist glücklich und erinnert sich groteskerweise umgehend daran, dass beide am nächsten Tag sterben werden. Doch das Glück hat bereits hier das letzte Wort. Beide verschwinden ins Zelt, nicht um den Gedanken Taten folgen zu lassen, sondern um Augusts Musik zu hören, Mottomusik gleichsam: „Death of an Angel“.

Im Unterricht ermöglicht die Vorführung des Mitschnitts auf der Praxis-Deutsch-DVD die Präsentation der Szene, deren pornografischer Inhalt einen Lesevortrag erschwert. Allerdings setzt der Mitschnitt erst ein, als beide vor das Zelt treten („Ich muss jetzt ganz behutsam so tun ...“, S. 46), weshalb der Anfang (ab S. 42 unten Regieanweisungen) doch gemeinsam gelesen werden sollte.

■ *Lesen Sie den Szenenabschnitt S. 42 unten bis S. 46 mit verteilten Rollen.*

Der folgende Impuls beendet das Vorlesen und leitet zur Präsentation der Inszenierung über:

■ *Warum tritt August vor das Zelt?*

[1] Natalie Wood spielt neben James Dean die Rolle der Judy, in die sich der Rebell Jim Stark (Dean) verliebt. Judy ist mit dem Chef einer Bande gleichaltriger Rowdys liiert, sodass die jungen Männer ihre Konkurrenz um Judy austragen müssen: Sie tun dies in einem Autorennen, das Judy startet und mit dem tragischen Tod von Starks Nebenbuhler endet: Dieser kann kurz vor der Klippe nicht bremsen, weil er mit dem Jackenärmel am Türgriff hängen bleibt. Judy hat sich in Stark verliebt und nun müssen sie vor der Bande und der Polizei flüchten, welche nicht an einen Unfall glauben. Den beiden schließt sich „Plato“ an, ein verstörter 15-Jähriger. Die drei verkörpern die verlorene Generation auf der Flucht, Plato muss dafür mit dem Leben bezahlen. Verknüpfungspunkt zur Szene im Theaterstück ist der Zeitpunkt für das erwartete Ende. Mit dem Filmzitat können beide das Sterben „vertagen“, es bleibt eine Gnadenfrist für die Liebe. Die Filmfiguren verkörpern die Verlorenheit junger Menschen in einer Welt, die sie nicht versteht – zwischen Kleingeistigkeit und institutionalisierter Gewalt. Julie und August identifizieren sich mit ihnen. Und natürlich verbindet das Motiv der Klippe, wobei im Film das Spiel mit dem Abgrund tödlich ausgeht.

An die Vorführung des Inszenierungsausschnitts (alternativ vollständiger Lesevortrag) knüpft ein Unterrichtsgespräch an:

- *In dieser Szene hat die Videokamera eine wichtige Funktion. Wie werden Videoaufnahmen in die Inszenierung eingebunden und wie wirkt dies auf das Publikum?*
- *Der Autor umschreibt die Funktion in den Regieanweisungen als „Dialog zwischen Leinwand und Bühne“. Erklären Sie.*
- *Julie und August kommen sich näher. Erklären Sie, wie und warum sich diese Annäherung in dieser Szene so vollzieht.*

An dieser Stelle kann die Analyse der Sprache die Figuren „überführen“ und deren Verhaltensmotive vertiefend erfassen. Textgrundlage ist der vollständige Szenenabschnitt S. 42 unten bis S. 49 unten. Dazu können folgende Impulse arbeitsteilig vergeben werden:

1. *Lesen Sie die Seiten 42 bis 49. Untersuchen Sie den Gebrauch der Modi. Wann und warum verwenden Julie und August Konjunktiv- bzw. Indikativformen?*
2. *Lesen Sie die Seiten 42 bis 49. Wie sprechen beide über die (sexuelle) Liebe? Untersuchen Sie auffällige Textstellen und begründen Sie die dort verwendete Sprachebene.*

Die Ergebnisse können in den folgenden beispielhaften Tafelbildern erfasst werden:

Tafelbild 1

Konjunktiv II: Irrealis, Wunsch	**Indikativ: Wirkliches**
↑	↑
August und Julie: Vorstellung von Intimitäten; nichtwirkliche Vorstellungen ersetzen reale Nähe; Wegträumen in die Stadt	**August:** Bewunderung für Julie, die er ehrlich mag **Julie:** Vergegenwärtigung ihrer Hoffnung: Ende des Sterbens, sich gegenwärtig fühlen
Vorgestellte körperliche Annäherung steht stellvertretend für emotionale Annäherung und zunehmende Vertrautheit.	

Tafelbild 2

Vulgärsprache, Jugendsprache	Standardsprache, poetisch-metaphorischer Sprachgebrauch
„Nummer“, S. 46 „rummachen“, S. 46 „nimm mich“, S. 48 „ficken“, S. 48	„lieben“ S. 47, 48 „wie zwei kleine Kaffeelöffel“, S. 48 „in der Wüste, zwei Beduinen“, S. 48 „verliebt sein“, S. 48
↑ Derbe pornografische Tatsachen klingen „cool“, überlegen und erfordern keine emotionale Beteiligung; passen zum „Kopfkino“	↑ Offenbarung wirklicher Gefühle, Verletzbarkeit zeigen, Vertrauen ausdrücken; Sehnsucht nach der romantischen Liebe

Ein Unterrichtsgespräch bündelt die Ergebnisse und stellt den Transfer zum Einstieg in das Drama her:

- *Stellen Sie Bezüge zum musikalischen „Vorwort“ des Dramas her: „Wouldn't it be nice“.*

In dieser Szene holt die romantische Sehnsucht, die das „musikalische Vorwort“ der Beach Boys artikuliert, die Protagonisten ein. So, wie das lyrische Ich im Song von Nähe, Zärtlichkeit und vom innigen Glück zu zweit träumt, träumen auch Julie und August vom Ausleben und echten Erleben ihrer Gefühle füreinander. Die Artikulation dieser Sehnsüchte erfolgt im Song wie in der Dramenszene im Irrealis. Die Realisation bleibt ferner Wunsch. Allerdings sehen sich die Liebenden im Schauspiel nicht mit widrigen Konventionen (Songtext) konfrontiert, sondern scheitern eher an sich, an ihrer „Coolness“ und an dem medial vermittelten Primat des Pornografischen.
Optional kann auch Julies Filmzitat nachgegangen werden:

- *Julie verweist mehrfach auf die Schauspielerin Natalie Wood, die neben James Dean in dem Film „Denn sie wissen nicht, was sie tun“ die Hauptrolle spielt. Recherchieren Sie die Thematik des Films, die Rolle von Natalie Wood und stellen Sie Bezüge zu dieser Szene her.*

Soll die Dramaturgie Bauersimas fokussiert werden, insbesondere die spezifische Theatralisierung der Medien, liefern zwei Auszüge aus dem Buch von A. Freund[1] Zusatzinformationen: **Zusatzmaterial 14 und 15,** S. 121 ff.

[1] Alexandra Freund: Fake ist total real. Das Theater des Igor Bauersima. Kleine Mainzer Schriften zur Theaterwissenschaft. Tectum Verlag, Marburg 2007

4.3 Den Abschied inszenieren und sich selbst entdecken

Beim Versuch, sich per Video von der Welt zu verabschieden, geben Julie und August viel von sich preis, tragen Biografisches nach, sodass sich das Bild von den Figuren vervollständigt. Die Erarbeitung des Abschnitts von S. 49 unten bis S. 59 mündet unterrichtlich in der Erstellung von Rollenbiografien, die die Charakterisierung der Protagonisten abschließen.
Die letzte Szene verändert das Szenenbild nicht. Es ist Morgen und beide haben sich offenbar auf ihre gemeinsame Abschiedsinszenierung per Videokamera vorbereitet. Julie trägt unter der Jacke ein Abendkleid. Bei der Uraufführung ist zunächst die Kamera oben an der „Klippe“ in Richtung Zuschauerraum positioniert und zeigt in der Projektion Julie und August frontal, die zu Beginn der Szene unten an der Bühnenrampe stehen. Dann beginnen sich die beiden wechselseitig zu filmen, machen mehrere Anläufe, suchen nach der passenden Pose, einen eindrücklichen, authentisch wirkenden Videoabschiedsgruß aufzuzeichnen. „Mithilfe des Films suchen die beiden nach der Echtheit, die eben dieses Medium zerstört hat.“[1] Der Zuschauer verfolgt das filmische Abbild überlebensgroß auf der Projektionsfläche hinter der Bühne mit und bekommt den Unterschied zwischen Theater- und Videobildern augenfällig präsentiert. August gibt den Experten an der Kamera, kennt Anglizismen aus dem Repertoire der Filmtechnik wie „take“ oder „continuity“ (S. 51). Julie beginnt, aber zunächst ist die Zusammenarbeit mit dem „Regisseur“ August nicht koordiniert. Die Ansage von „okay“ verwirrt, weil sie sprachlich diffus mal Einsatzsignal, mal Zustimmung ausdrückt. Dann folgen mehrere Versuche Julies, die jeweils am Monitor nach der Aufzeichnung kontrolliert werden. Die erste Version ist zu „pathetisch“ (S. 51), findet Julie, wohl weil die Kindheitserinnerung an den Vater, der sie über dem Abgrund gehalten hat, sie zu sehr bedrängt. Dann versucht sie, es ins Lächerliche zu ziehen („irr“, S. 51), es folgt eine ironisch gemeinte Werbeunterbrechung und dann endlich wird Julie ernst und emotional: „Der da hinter der Kamera, das ist August ... Ich liebe ihn“ (S. 53), was nun wiederum August missfällt, der „rausgehalten“ (S. 53) werden möchte. Julie bleibt ehrlich, fährt fort mit einer ganz persönlichen Version, in der sie sich August und den Zuschauern in einem Maße offenbart, wie es ihr im Zuge der Handlung bis jetzt noch nicht möglich gewesen ist. In ihrem Monolog deckt sie nun als Kausalität für ihre Lebensmüdigkeit auf, dass sie übersättigt ist, weil sie „immer alles gekriegt hat“ (S. 54): Familiäre Liebe, Kenntnis aller Orte und Genüsse dieser Welt – seien sie wirklich erlebt oder medial vermittelt. Spaß habe es gemacht, aber eben nicht erfüllt. Selbst einen One-Night-Stand mit Brad Pitt kann sie als biografischen Höhe- oder eben gar Tiefpunkt aufzählen (Bauersima trägt dick auf, die Figur Julie verkörpert keine realistische Jugend, sondern ihre Biografie überspitzt oberflächliche pubertäre Sehnsüchte made in Hollywood). Der Appetit aufs Leben sei ihr vergangen, deshalb wolle sie jetzt den Tod. Ungewollt wird sie wiederum pathetisch und gleichzeitig unglaubwürdig in dieser herbeigeredeten letzten Konsequenz. Ein verwöhnter junger Mensch, gescheitert am Materialismus, am „Größer-Schneller-Weiter“ einer banalen postmodernen Wertewelt ohne Substanz, mimt da letzte Erkenntnis und dokumentiert darin die Befangenheit in eben jenem Denken. Julie verwirft konsequent auch diese Version als „Stumpfsinn“ (S. 55), August protestiert, Julie korrigiert selbstkritisch „Propaganda“ (S. 55), weil sie die Theorie der Übersättigung offenbar selbst zu einseitig bzw. manipulativ findet. Nach einem weiteren vergeblichen Versuch bricht Julie ab, um August vor die Kamera zu lassen. August beansprucht kein Pathos, beschuldigt sich als Feigling, der sich dem Leben nicht wirklich stellen kann. Ironischerweise fühlt er sich nur seinem Fisch gegenüber verpflichtet, den die Hinterbliebenen dann füttern sollen. So macht sich nun auch August als beziehungsunfähig lächerlich, der am liebsten sein stummes Haustier mit auf seine vermeintlich letzte Reise genommen hätte. Die Aufzeichnung wirkt auf ihn „superfake“ (S. 57), weshalb er sie nicht hinterlassen möchte. Wie in der Polarlichtszene scheitern die beiden wiederum am Medium, weil sie glauben, das

---

[1] Stefan Keim: Todesspiele als Wahrheitssuche, in: Frankfurter Rundschau vom 21. November 2000

echte Leben filmisch konservieren zu können. Noch einmal versuchen sie es in kurzen verschiedenen Anläufen jeder für sich, das definitive Abschiedsvideo zu drehen. August regt in der Rolle des professionellen Regisseurs außerdem an, die Aufzeichnungen musikalisch zu untermalen. Bauersima nimmt wie beim musikalischen Prolog und den anderen Einspielungen das musikalische Zitat wieder sehr genau, sodass ein Stück von Bill Frisell[1] Julie zu Tränen rührt, eine empfindsame Musik für einen empfindsamen Menschen, der sich Gefühle nicht zumuten möchte. Nun startet August einen definitiven Versuch, indem er „fakt", ohne dies anzuzeigen. Er beeindruckt Julie mit den Aphorismen eines radikalen Skeptikers, gibt zu, sie aus einem Buch „geklaut" zu haben, ohne den Autor preiszugeben. Die Zitate stammen von E.M.Cioran (vgl. Baustein 3.2), wie es Barbara Burckhardt im Nachwort offenbart (S. 187). Bauersima gibt den geistigen Urheber nicht preis, spielt – typisch postmodern – mit fremdem Gedankengut und lässt August sich quasi stellvertretend für diesen „fake" schämen. August identifiziert sich mit Ciorans in Paradoxien gebannte Lebenszweifel, die immer in der Unmöglichkeit eines erfüllten Lebens gipfeln. Julie ist begeistert, wiederum punktet August bei ihr mit der Philosophie, sonst hätte sie ihn ja schließlich nach dem Kennenlernen im Chat auch nicht auf diesen Trip in den Tod mitgenommen.

Der Unterricht kann mit der Lösung der Arbeitsfrage zu den Anspielungen auf den Film „Denn sie wissen nicht, was sie tun" einsetzen (siehe 4.2). Wie wichtig beiden das Medium Film ist, soll der Szenenabschnitt von S. 49 unten bis S. 60 („Julie ist begeistert") zeigen: Der Text wird mit verteilten Rollen vorgetragen.
Dem Vortrag schließt sich ein vertiefendes Unterrichtsgespräch an:

- *Warum wollen die beiden eine Videobotschaft aufzeichnen?*
- *Warum sind sie jeweils mit dem Aufgezeichneten unzufrieden?*

Hier sollen im Gespräch noch einmal die unterschiedlichen verworfenen Anläufe der beiden durchgegangen werden, die z. B. zu pathetisch, irr, deplatziert, emotional oder unecht wirken. Dies kann kurz gesichert werden, wie in folgendem Tafelbild skizziert:

Scheitern am medialen Abschiedsgruß, denn dieser wirkt ...

- pathetisch (zu emotional, zu rührend) – S. 51,
- irr – S. 51,
- aufnahmetechnisch stümperhaft – S. 52,
- verfälschend, weil er von den individuellen Motiven ablenkt – S. 53,
- wie Propaganda (einseitig, anklagend) – S. 55,
- „fake", verlogen – S. 57,
- zu depressiv – S. 57,
- wiederum pathetisch – S. 58.

↓

unecht, unauthentisch!

[1] Elegische Jazzgitarrenmusik – „one-in-a-million-sound" (Peter Erskine)

- *Nehmen Sie Stellung zu Julies und Augusts Ansinnen, einen medialen Abschiedsgruß zu dokumentieren.*

Der folgende Impuls leitet zum Arbeitsauftrag des Erstellens von Rollenbiografien über.

- *Welche Funktion hat dieser Szenenabschnitt im Dramenkontext?*

Die von den Protagonisten nachgetragenen persönlichen Details werden in einer Rollenbiografie zusammengefasst. Das **Arbeitsblatt 13**, S. 76, leitet an, indem zunächst die Figur, Julie oder August, ausgewählt werden soll. Anhand von Hilfsfragen sollen dann Details der Charakterisierung zusammengetragen werden, was auch in Partnerarbeit vorbereitet werden kann. Das Ausformulieren einer Rollenbiografie empfiehlt sich als Hausaufgabe.

- *Schreiben Sie ein Selbstporträt Julies bzw. Augusts in der Ich-Form und berücksichtigen Sie dabei das gesamte Drama bis zu diesem Szenenmoment. Versetzen Sie sich in die gewählte Figur, z. B.: „Ich heiße Julie ...“.*

Die entstandenen Texte werden im Plenum vorgestellt und kritisch beurteilt, inwiefern sie der Dramenfigur sachlich gerecht werden, den Ton, also den Figurenstil, treffen und ob sie die Suizidmotive im Kern erfassen. Ein Vergleich der Textprodukte provoziert dabei eine differenzierte Beurteilung.

4.4 „Fake“ ist total real

Dieser Erarbeitungsschritt hinterfragt den Sprachgebrauch des Textabschnittes S. 60 bis 61 („Verstehst du?“). Er kann optional realisiert werden (vgl. Einführung des Bausteins).
Dass der Suizid am Ende nicht erfolgt, wird durch das sich ändernde Verständnis der Begriffe „fake“ bzw. „echt“ determiniert. August hat Julie mit seiner philosophischen Abschiedsbotschaft definitiv beeindruckt: „genial“ (S. 60). Aber August verwirft seine Aufnahme, da er das gemacht hat, was ihn an dieser Wirklichkeit am meisten abstößt, nämlich zu „faken“. Im Chat hat er seine Lebenszweifel mit dem Scheitern am Gefühl der Unmittelbarkeit, der Lebendigkeit begründet – die Menschen verstellen sich, was man hört und sieht, kann eine Sinnestäuschung sein. Nur das Nichts wird empfunden: „Alles Fake. Ich meine, das sieht einer ja überall, das Nichts“ (S. 13). Im Versagen, den „echten“ Ton für den Videoabschied zu finden, hat er dann aber selbst „gefakt“, zitiert und Julie getäuscht.
Dem Dialog ist ein Seitenhieb auf das postmoderne Selbstverständnis von Kunst unterlegt. Bauersima spielt mit dem (angeblichen) Wesenszug zeitgenössischer Kunst, beliebig zu zitieren und zu kombinieren im Bewusstsein, dass es letztlich kein Recht auf geistige Urheberschaft gibt (vgl. Baustein 5.3). Er verrät zwar noch, dass Augusts Monolog „geklaut“ (S. 60) ist, verschweigt aber konsequent den Autor E.M.Cioran.
Julie geht es – stellvertretend für den postmodernen Umgang mit fremdem Gedankengut – um die Substanz der artikulierten Lebenszweifel und nicht um die Autorenschaft, ihr ist es egal, ob es „geklaut“ ist. Doch in diesem Punkt will August überzeugt werden. Und es beginnt ein absurdes Ringen um die Bedeutungsbestimmung der beiden Begriffe: Sprach- und Situationskomik sind kaum trennbar. Ironischerweise haben die Protagonisten bis kurz zuvor selbst versucht, das authentische Leben in eine mediale Kunstwelt zu überführen, die sie im Chat noch kritisiert haben. Sie scheitern, da das Echte notwendigerweise im Medium zum „Fake“ wird – sei es das Polarlicht, sei es der persönliche Ausdruck.
„Echt“ wird polysem verwendet: Einerseits bedeutet es im Denotat „nicht gefälscht“, andererseits kann es auch eine Bekräftigungspartikel sein oder Erstaunen ausdrücken. Die Unbe-

stimmtheit der Bedeutung eröffnet einen uneindeutigen Dialog, an dem Bauersima wieder einmal die Grenzen jugendlicher Sprach(un)kultur aufzeigen kann: Julie: „Das klang ganz echt", August: „Echt?" (S. 60). Sie überführen sich, unsicher zu sein, in ihrem Vorhaben und in ihrer Sprache, weil sie sich selbst nicht begriffen haben bzw. sich hinter sinnentleerten Phrasen verstecken. Erst Augusts „Fake", die Anleihe bei Cioran, wirkt paradoxerweise glaubwürdig, sodass sie erkennen: „Fake kann total echt sein" (S. 60). Aber damit meinen sie eben den „Fake", der eigentlich keiner ist, weil der Schein Sein ist, das Zitierte Authentisches artikuliert. „Fake", definiert Julie, „ist nur, was nichts ist" (S. 60), also das, was nicht real ist und keinen Bestand hat. August dreht die Wörter in einem absurden Syllogismus um: „Also ist nichts fake" (S. 61), was wiederum eine völlig neue Aussage gewinnt, alles ist echt, und ihm die Augen öffnet. Er muss das alles ernst nehmen, er lebt das Leben ganz echt, sein grundsätzlicher Vorbehalt gegen das (Er-)Leben ist buchstäblich nichtig geworden. So wendet der Autor die Handlung abrupt und ignoriert ernst zu nehmende Kausalitäten: Eine absurde Schlussfolgerung spricht kurz vor Ende des Stückes beiden jede sinnvolle Motivation ab und gibt Julie und August noch einmal der Lächerlichkeit preis.
Der Abgrund ist kein Spiel, sondern ängstigender Ernst, von dem man sich schleunigst zu distanzieren hat. Damit beenden sie ihren gemeinsamen „Fake", den eigenen Tod zu inszenieren. Bauersima lässt es noch einmal in einer paradoxen Sprachkomik gipfeln: „Meine Zukunft hat mir noch nie Angst gemacht, weil ich wusste, ich kann mich umbringen jederzeit" (S. 61).

Der Unterricht geht – nach der Präsentation des Textabschnittes (S. 60–61 „Verstehst du?") durch den Lesevortrag mit verteilten Rollen – den sprachlichen Absurditäten im Dialog von Julie und August unmittelbar vor dem Schluss des Stückes nach, indem die verwirrenden Definitionsversuche geklärt werden. Dies kann alternativ auch als vorbereitende Hausaufgabe gestellt werden.

- *„Übersetzen" Sie in dem Dialog S. 60–61 die Begriffe „fake" und „echt" und erläutern Sie dadurch, was Julie und August darunter jeweils verstehen. Vergleichen Sie dies abschließend mit dem Verständnis beider Begriffe im Chatauftritt S. 12/13.*

Es empfiehlt sich, zunächst alle Äußerungen, die „fake" und „echt" enthalten, markieren zu lassen, damit diese dann in einer umschreibenden Erläuterung „übersetzt" werden können.
Alternativ gibt die Lehrkraft nur folgende Schlüsselsätze in die Aufgabe hinein, die auch die absurde Logik in der Schlussfolgerung erfassbarer machen.

1 „Fake kann total echt sein." *(Welche Sprachfigur liegt hier vor?[1])*
2 „Fake ist nur, was nichts ist."
3 „Also ist nichts fake."

Die einzelnen Äußerungen werden nach der Erarbeitung in Partnerarbeit im Plenum sukzessive mit den Deutungsversuchen präsentiert, wobei unterschiedliche Vorschläge abgeglichen werden. Zusammenfassend soll die Logik der Schlussfolgerung erfasst und kritisiert werden.
Dann folgt der Vergleich mit den Begriffsbedeutungen, wie sie bei dem Chatauftritt insbesondere von August eingebracht werden. Der abschließende Impuls bündelt die Ergebnisse:

[1] Lösung: Paradoxie, Wiederholung aus dem Baustein 3.1

- *Wie hängt das Verständnis beider Begriffe mit dem Entschluss, sterben bzw. leben zu wollen, zusammen?*

Da die Mehrdeutigkeiten nicht nur Julie und August, sondern auch Zuschauer bzw. Leser (Schüler) verwirren, sollten die Ergebnisse – wie im folgenden Tafelbild vorgeschlagen – gesichert werden. Hilfreich kann es sein, die Struktur des Tafelbildes vorzugeben und ergänzen zu lassen. Abschließend sollte die Verwirrung als solche in ihrer Funktion für die Wirkung dieses Szenenabschnitts thematisiert werden.

- *Julie und August verstricken sich im Bemühen um Begriffsdefinition in einen verwirrenden Dialog. Welche Funktion hat dies in Hinblick auf die Wirkung der Protagonisten, welche in Hinblick auf den Handlungsfortgang? Erstellen Sie eine Strukturskizze.*

„Fake“ kann „total echt“ sein! (Paradoxon)

Anfang: Im Chat → Ende: an der Klippe

Bedeutung: | *Bedeutung:*

fake

alles Wahrgenommene (Sinnestäuschung? – Erlebnisdilemma), Verhalten der Menschen (gesellschaftliche Rollen), virtuelle Internetwelt: **alles!**

das Ungültige; Ungetane, nicht wirklich Gelebte: **nichts**

echt

(Unmögliches) Gefühl der Lebendigkeit: **nichts**

Glaubwürdiges, Getanes, Reales, Gefühltes, Lebendiges: **alles!**

Austausch der Bedeutungen
↓
Austausch des Lebensgefühls

↓ Tod macht keine Angst: Rettung aus der Fake-Welt

↓ Tod macht Angst, denn er bedroht das echte Leben.

4.5 Happyend? – Warum leben?

Am Ende finden Julie und August zurück ins Leben, wobei ihre aufkeimende Liebe wohl eher zweitrangig ist. Ausschlaggebend ist die Einsicht, dass sie, weil sie leben, echt und glaubwürdig sind, dass Norwegen keine medienwirksame Inszenierung für die Nachwelt ist, sondern ein Irrtum, der sie beinahe um das echte Leben gebracht hätte. Ein Leben, das ihrer Liebe Raum geben kann? Ein Happyend? Mit dieser Fragestellung endet die unterrichtliche textimmanente Aufarbeitung des Dramas. Der Textabschnitt beginnt mit dem letzten „take“ von August S. 61. Anfangs wiederholt er noch einmal, gleich hinunterspringen zu wollen, gerät dann jedoch über die in Norwegen gemachte Lebenserfahrung derart ins Schwärmen, dass er selbst realisiert, dass Tötungswunsch und Lebenslust unvereinbar sind. Sein Schlüsselerlebnis ist das Polarlicht gewesen und vor allem die Erfahrung, dass es medial nicht festzuhalten und erlebbar ist. Das Echte muss erlebt werden, die mediale Vermittlung ist der „Fake“. Und so schaltet er die Kamera aus, die er schuldig an seinem unauthentischen (alten)

Lebensgefühl spricht. Damit endet das Stück medienkritisch und beschwört gleichsam auch die Wirkungskraft des Theaters, das stärker ist als die projizierten Bilder. Konsequenterweise bringen sich die beiden also nicht um, sondern „töten“ die virtuelle Lebenslüge, indem sie die Videokassetten dem Abgrund überlassen. Mit der Bemerkung „Ist hängen geblieben“ (S. 62) wird mit Schwarzem Humor auf die dritte Szene (S. 32) angespielt, in der sich Julie vorstellt, dass ihr beim Sturz der Arm abreißen könnte: „Bilderzertrümmerung statt zerschmetterter Glieder“, so Burckhardt im Nachwort (S. 187).
Das Ende des Mediums macht August glücklich und er formuliert wiederum aphoristisch wie seine philosophischen Vorbilder: „Es könnte sein, dass wir soeben von einem Glück getroffen wurden, von dem wir uns nicht so schnell erholen werden“ (S. 62). Bezieht sich dieses Glücksgefühl auf die neu entdeckte Lust am Leben überhaupt oder spielt er auf das private Glück an, für das er nicht so recht Worte findet: „Julie ist ein Freund. Julie ... Ich ...Sie ist ...“ (S. 62)? Julie bemerkt nur knapp, dass sie weg möchte. Daraufhin gehen beide ab – in der Uraufführung er auf der linken Seite, sie auf der rechten langsam die Klippe hinunter und greifen nach ihren Rucksäcken und dieses Schlussbild friert ein. Dieser prägnante Abgang wirkt im Gegensatz zu Augusts Bemerkung unsentimental und bewahrt davor, dass der Schluss ins Kitschige abgleitet. Hollywood lässt eben nicht grüßen. Und so wirft dieses Ende wiederum Fragen auf. Das Happyend ist perfide, ein Glück, das einen wie ein Schicksalsschlag trifft, wie eine Krankheit, von der man sich nur schwer erholt. Die „Krankheit zum Tode“ ist überwunden, doch schwant August im Stile des Skeptikers Cioran, dass das Leben auch in Zukunft widersprüchlich sein wird und dass man ihm eben nur mit Paradoxien beikommen kann.
Bei aller Ratlosigkeit und Verunsicherung bleibt den beiden aber die Hoffnung und die „Generation Internet“ leistet sich wieder Träume, vielleicht sogar von der wahren Liebe, die längst zum medialen Abziehbild verkommen ist, aber nun sind ja die filmischen Bilder zertrümmert. In Norwegen, an dem Schauplatz ihres geplanten Todes, haben die beiden Selbstmordkandidaten paradoxerweise das Leben gelernt. „norway.today“ ähnelt phonetisch „no way to die“, sodass den beiden nur bleibt, sich der Wirklichkeit zu stellen. Beide treten von der Bühne des Todes ab. Wie es weitergeht, ist offen.

Dies wird im Unterricht aufgegriffen – der Unterricht setzt ein mit dem Lesevortrag von S. 61 („Los“) bis 62.

- *Lesen Sie den letzten Abschnitt des Dramas in verteilten Rollen laut vor: S. 61 („Los“) bis 62.*

Es folgen texterschließende Impulse im Unterrichtsgespräch:

- *Warum begehen die beiden keinen Suizid?*
- *Warum wirft August die Kamerakassetten in den Abgrund?*

Dann soll reflektiert werden, inwiefern man bei diesem Ende von einem Happyend sprechen kann. Dazu wird zunächst ein Stimmungsbild abgefragt.

- *Handelt es sich Ihrer Meinung nach um ein Happyend?*

Nach einem ersten begründenden Austausch soll das offene Ende des Dramas in einem weiterführenden Schreibauftrag aufgegriffen werden.

---

1 Vgl. P.A.U.L. D. 10, a.a.O., S. 206.

- *Wie könnte das Leben von Julie und August weitergehen? Versetzen Sie sich in eine der beiden Figuren und stellen Sie sich vor, Sie würden ungefähr ein Jahr später noch einmal an die Ereignisse in Norwegen und an das vorangegangene Jahr zurückdenken. Verfassen Sie dazu einen Tagebucheintrag.*[1]

Alternativ könnten sich Julie bzw. August im Chat melden und ihre Geschichte nach einem Jahr einem anderen User berichten.
Trotz des Traumes von der großen Liebe ist wohl Skepsis angebracht, vermutlich werden die meisten Tagebucheinträge eine Trennung schildern. Trotzdem wird Norwegen als ein Schlüsselerlebnis wertvoll bleiben, da es die Tür zum echten Erleben aufgestoßen hat.

Die Texte der Schüler werden vorgelesen und die Verfasser jeweils befragt:

- *Wie geht die Geschichte der beiden nach diesem Tagebucheintrag weiter?*
- *Beurteilen Sie diese Fortsetzung. Begründen Sie Ihre Meinung unter Bezugnahme auf das Drama.*

Optional kann auch die nachträgliche Reflexion der Norwegen-Reise in einer Klausur eingefordert werden. Hierzu findet sich ein Vorschlag auf dem **Zusatzmaterial 7** (Klausurvorschlag 2, S. 112).

Notizen

[1] Vgl. P.A.U.L. D. 10, a.a.O., S. 206.

Das Polarlicht – ganz echt! [Kommunikationsebenen]

1. Lesen Sie den Szenenabschnitt S. 37 unten bis S. 42 unten. Klären Sie, wann Julie und August jeweils zur Kamera greifen und mit welchen Motiven sie dieses tun (Stichpunkte notieren!).

2. Klären Sie einige interessante Dialogstellen mithilfe der Kommunikationstheorie (siehe unten) auf, beginnen Sie mit den hier unterstrichenen Äußerungen:

JULIE: [...]ich meine, wenn ich dich um irgendwas bitte, irgendwas Harmloses, dann tu's verdammt nochmal, oder ich dreh durch. Oder wenn du irgendwie sonst eine Idee hast, was zu tun, dann tu's auch. Weil es macht Spaß, was zu tun. [...] Ich mag dich. Weißt du?
AUGUST Ja. Ich mag dich auch.
JULIE Moment, gib her. *Julie nimmt die Kamera und filmt August.* Was hast du gerade gesagt?
AUGUST Weiß nicht. [...]
JULIE Und hast du was gesagt, eben? Los! Sag schon.
AUGUST Ich hab keine Lust, auf Befehl was zu sagen.
JULIE Gut. Dann sag was anderes. [...] Emotionen, los! Vertrau deinem Instinkt. Wenn du nicht in drei Sekunden was Emotionales gesagt hast, spring ich. Eins, zwei, drei.
AUGUST Heil Hitler!

***Zur Information: Das Vier-Seiten-Modell der Kommunikation*[1]**

Der Kommunikationspsychologe Friedemann Schulz von Thun hat in dem hier skizzierten Modell aufgedeckt, dass Kommunikation immer mehrdeutig ist, dass Menschen mehr aussagen, als sie streng genommen formulieren. Auch bei der Analyse von Dramendialogen hilft das Modell aufzuklären, was sich hinter den Äußerungen verbirgt und wie bzw. warum die Figuren so reagieren.

Sachebene: (faktische) Information, sachl. Vergewisserung

Selbstoffenbarung: Kundgabe von Gefühlen, Einstellungen („Ich ...")

Appell: Erwartungen an den anderen

Beziehungsebene: Urteil über den anderen („Du ...")

Julie:

Sache: ______________________

Selbstoffenbarung: ______________________

Beziehung: ______________________

Appell: ______________________

August:

Sache: ______________________

Selbstoffenbarung: ______________________

Beziehung: ______________________

Appell: ______________________

[1] Vgl. Friedemann Schultz von Thun: Miteinander reden 1. Störungen und Klärungen. Allgemeine Psychologie der Kommunikation. Reinbek bei Hamburg: Rowohlt (rororo) 1981.

Das Polarlicht – ganz echt! [Kommunikationsebenen]

Lösung

1. *Lesen Sie den Szenenabschnitt S. 37 unten bis S. 42 unten. Klären Sie, wann Julie und August jeweils zur Kamera greifen und mit welchen Motiven sie dieses tun (Stichpunkte notieren!).*

2. *Klären Sie einige interessante Dialogstellen mithilfe der Kommunikationstheorie (siehe unten) auf, beginnen Sie mit den hier unterstrichenen Äußerungen:*

JULIE: [...]ich meine, wenn ich dich um irgendwas bitte, irgendwas Harmloses, dann tu's verdammt nochmal, oder ich dreh durch. Oder wenn du irgendwie sonst eine Idee hast, was zu tun, dann tu's auch. Weil es macht Spaß, was zu tun. [...] Ich mag dich. Weißt du?
AUGUST Ja. Ich mag dich auch.
JULIE Moment, gib her. *Julie nimmt die Kamera und filmt August.* Was hast du gerade gesagt?
AUGUST Weiß nicht. [...]
JULIE Und hast du was gesagt, eben? Los! Sag schon.
AUGUST Ich hab keine Lust, auf Befehl was zu sagen.
JULIE Gut. Dann sag was anderes. [...] Emotionen, los! Vertrau deinem Instinkt. Wenn du nicht in drei Sekunden was Emotionales gesagt hast, spring ich. Eins, zwei, drei.
AUGUST Heil Hitler!

Zur Information: Das Vier-Seiten-Modell der Kommunikation[1]

Der Kommunikationspsychologe Friedemann Schulz von Thun hat in dem hier skizzierten Modell aufgedeckt, dass Kommunikation immer mehrdeutig ist, dass Menschen mehr aussagen, als sie streng genommen formulieren. Auch bei der Analyse von Dramendialogen hilft das Modell aufzuklären, was sich hinter den Äußerungen verbirgt und wie bzw. warum die Figuren so reagieren.

Sachebene: (faktische) Information, sachl. Vergewisserung

Selbstoffenbarung: Kundgabe von Gefühlen, Einstellungen („Ich ...")

Appell: Erwartungen an den anderen

Beziehungsebene: Urteil über den anderen („Du ...")

Julie:

Sache:
Vergewisserung, dass ihre Zuneigung ihm bekannt ist.

Selbstoffenbarung:
Ich will dein Liebesgeständnis. Ich will Spaß.

Beziehung:
Du bist mir sympathisch. Du bist mir ergeben.

Appell:
Zeig mir deine Zuneigung. Mach, was ich sage!

August:

Sache:
Naziparole, verbotener Hitlergruß (etwas Verbotenes sagen)

Selbstoffenbarung:
Ich habe keine Lust auf deine Spiele. Ich will dich provozieren.

Beziehung:
Du bist eine Erpresserin. Du verdienst meine Ehrlichkeit nicht.

Appell:
Hör auf damit! Wach auf aus deiner Raserei!

[1] Vgl. Friedemann Schultz von Thun: Miteinander reden 1. Störungen und Klärungen. Allgemeine Psychologie der Kommunikation. Reinbek bei Hamburg: Rowohlt (rororo) 1981

Rollenbiografien: Julie und August in der Selbstdarstellung

Vor dem Selbstmord wollen sich beide per Videobotschaft verabschieden. Dabei offenbaren sie viel über sich, sodass sich das Bild dieser Dramenfiguren vervollständigt.

■ *Schreiben Sie ein Selbstporträt Julies bzw. Augusts in der Ich-Form und berücksichtigen Sie dabei das gesamte Drama bis zu diesem Szenenmoment. Versetzen Sie sich in die gewählte Figur, z. B.: „Ich heiße Julie ...".*

bis S.59

Die folgenden Fragen sind als Hilfe und Stütze gedacht. Sie müssen nicht alle berücksichtigen, eigene Fragen, Ideen, Gesichtspunkte können eingebracht werden. Sinnvollerweise bereiten Sie das ausformulierte Selbstporträt vor, indem Sie stichpunktartig Informationen zu den Fragen aus dem Drama zusammentragen. Schreiben Sie sich unbedingt die Fundstellen auf!

- Wie heißt du?
- Wie alt bist du?
- Wie siehst du aus?
- Wie sprichst du?
- Wer gehört zu deiner Familie, in welchem Verhältnis stehst du zu ihnen?
- Welche Menschen stehen dir nah, wen liebst du?
- Aus welcher gesellschaftlichen Schicht kommst du?
- Welche prägenden Erfahrungen hast du in deinem Leben gemacht?
- Wie siehst du dich (nicht), wie möchtest du auf andere (nicht) wirken?
- Wie empfindest du dein Leben, die Gesellschaft, die Welt ...?
- Wann fühlst du dich (un-)glücklich?
- Was sind deine Stärken, was deine Schwächen?
- Was ist dein Lebensmotto?
- Wovon träumst du?
- ...

Postmodernes Theater-Spiel

Der letzte Baustein stellt „norway.today“ in den Horizont von anderen dramentheoretischen Konzeptionen der Vergangenheit und Gegenwart, welche mit der Erarbeitung von Sekundärtexten wiederholt, ggf. auch eingeführt werden. Außerdem wird die Rezeption des Stückes berücksichtigt, indem auf Theaterrezensionen und Inszenierungsmöglichkeiten eingegangen wird. Grundsätzlich kann der Aspekt „Das Stück in der Kritik“ auch vorgezogen werden – schließlich verlassen die Bausteine 5.1 bis 5.3 den textimmanenten Zusammenhang deutlich. Allerdings könnte dann die Dramenkonzeption nur marginal in die kritische Auseinandersetzung im Rahmen der Beurteilung des Stückes einfließen. Im Zentrum des Bausteins steht der Versuch der literaturgeschichtlichen Zuordnung zur „Postmoderne“.

Weitere Unterrichtsanregungen, die über diesen Baustein hinausgehen

In diesem Unterrichtsmodell wird darauf verzichtet, auch andere Werke des Autors einzubeziehen, die in der Fischer Taschenbuchausgabe enthalten sind, weil in der Regel in den Kurshalbjahren der Oberstufe dafür kein Raum sein dürfte. Trotzdem könnten natürlich die anderen Dramen durch Schülerreferate vergleichend vorgestellt werden, um das Theaterschaffen Bauersimas umfassender zu reflektieren. Dann erschließen sich auch das substanzielle Nachwort Barbara Burckhardts sowie die theaterwissenschaftlichen Darlegungen von Alexandra Freund im Zusatzmaterial besser. Eine weitere Rechercheaufgabe könnte Informationen zum Autor Igor Bauersima ermitteln und zusammenführen lassen. Ersatzweise kann auch die Kurzfassung auf der Umschlaginnenseite der Fischer-Taschenbuchausgabe herangezogen werden.

5.1 Gliederung und Spannungsbogen des Stücks

Wie im Vorspann zu den Bausteinen unter der Überschrift „Entstehung, Inhalt und Handlungsabfolge des Dramas“ bereits dargestellt, folgt Bauersima in seiner Konzeption von „norway.today“ im Grunde der klassischen Struktur, ohne allerdings diese durch nummerierte Szenen oder Einteilung in Akte transparent zu machen. Auch definiert er im Untertitel keine Gattungszugehörigkeit. Die Thematik impliziert wahrscheinlich tragische Inhalte, doch kann man wohl eher von einer „Selbstmörder-Komödie“[1] sprechen. Allenfalls kommt noch die Zuordnung zur Tragikomödie infrage, insofern das Leiden am Zeitgeist, der Verlust der Unmittelbarkeit im Lebensgefühl und die kritische Auseinandersetzung mit der fehlenden Authentizität der Gesellschaft der Komik ernste Zwischentöne unterlegen. Da jedoch keine Betroffenheit erzeugt und selbst das bitterste Problem von den Figuren unfreiwillig komisch artikuliert wird, überrascht Bauersima eher durch die komödiantische Umsetzung des Stoffes. Hier steht er eigentlich in der Tradition der Legitimation der Komödie als einzig realitätsadäquater Form, wie sie Dürrenmatt begründet hat. Im Zusatzmaterial findet sich sein programmatischer Text „Uns kommt nur noch die Komödie bei“ *(***Zusatzmaterial 12***, S. 118)*. Da die Welt zur Groteske geführt habe, sei die Tragödie nicht mehr möglich.

[1] Vgl. Rezension aus Baustein 5.4, Saarbrücker Zeitung, 19./20.02.2005.

Die Gliederung allerdings hat sich der Autor bei der klassischen Tragödie abgeschaut, wodurch wiederum Ironie entsteht, wenn die erhabene Form spätpubertären Lebenszweifeln dienen muss, die ganz und gar nicht konventionell dichterisch-gehoben artikuliert werden. Durch den Vermerk von Szenenwechseln in den Regieanweisungen lassen sich fünf klar abzugrenzende Szenen ermitteln, die auf den zweiten Blick eine präzise Konstruktion des Dramas offenbaren. Während die erste Szene in einem Chatroom im Internet spielt, finden die übrigen vier auf einem Felsvorsprung über einem Fjord in Norwegen statt. Dabei entsteht eine geschlossene Gliederung, die sich dem „klassischen" 5-Akt-Schema annähert (Gliederungsübersicht vgl. Vorspann zu den Unterrichtsbausteinen, S. 12).
Neben dem 5-Akt-Schema zeigt sich eine zweite „klassische" Dramenverwandtschaft, die Einheit von Ort, Zeit und Handlung. Planung und Scheitern des Suizids überdauern etwa 24 Stunden, allerdings ist der Dialog im Chatroom vorgeschaltet. Bis auf die virtuell eingeblendeten Lichter der Stadt in der Nacht-Szene besteht auch die Einheit des Ortes. Vielleicht gehört diese Dramaturgie mit zum postmodernen Spiel mit einschlägigen Traditionen, die der Autor einbezieht und neu auflädt.
Für den Deutschunterricht bedeutet diese Dramenkonstruktion eine gute Gelegenheit, antike, klassische und moderne Theaterkonzeptionen einzuführen bzw. zu wiederholen und vergleichend auszuwerten. In diesem Baustein soll die Gliederung des Dramas vor dem Hintergrund herkömmlicher Dramenstrukturen vergleichend erarbeitet werden.

Der Unterrichtseinstieg fokussiert das Drama als literarische Gattung und Wesensmerkmale seiner Untergattungen. Gattungsbezogene Begriffe können zunächst (z. B. als Mindmap) gesammelt und geklärt werden: Drama/Schauspiel, Komödie/Lustspiel, Tragödie/Trauerspiel, Tragikomödie, Tragik, Schauspieler, Protagonist, Dialog, Monolog ... Akt, Szene.

- *Sammeln Sie Begriffe, die mit der Gattung des Dramas verbunden sind. Erklären Sie jeweils kurz deren Bedeutung.*

Wer die gattungstypologischen Begriffe präzise definieren möchte, kann das Zusatzmaterial „Dramatische Gattungen" *(***Zusatzmaterial 11***,* S. 117*)* einsetzen. Anschließend wird diskutiert, welcher dramatischen Untergattung „norway.today" zuzurechnen ist, indem zunächst ein Stimmungsbild abgefragt wird und dann die Positionen begründet werden.

- *Entscheiden Sie sich, ob „norway.today" der dramatischen Gattung der Tragödie oder der Komödie oder der Tragikomödie zuzurechnen ist.*

Die klassische Struktur des Dramas kann mit dem Text von Gustav Freytag (vgl. **Arbeitsblatt 14***,* S. 88*)* aufgearbeitet werden, der u. a. auf der aristotelischen Dramenpoetik beruht. Das aristotelische Vorbild kann zusätzlich – wenn gewünscht – z. B. durch ein Schülerreferat eingebracht werden.

- *Fassen Sie die Kernaussagen Freytags zusammen, indem Sie ein Schaubild mit dem pyramidalen Aufbau des Dramas entsprechend beschriften.*
- *Bauersima hat sein Stück nicht in nummerierte Szenen/Akte unterteilt. Ermitteln Sie anhand der Regieanweisungen die Anzahl der Szenen und vergleichen Sie den Aufbau der Handlung von „norway.today" mit dem von Freytag dargestellten klassischen Drama.*

Der erste Arbeitsauftrag fordert auf, den Textinhalt strukturiert grafisch darzustellen. Ein repräsentatives Ergebnis der beschrifteten Pyramide wird anschließend gemeinsam besprochen, dies könnte wie folgt visualisiert sein:

Die „Freytag'sche" Pyramide

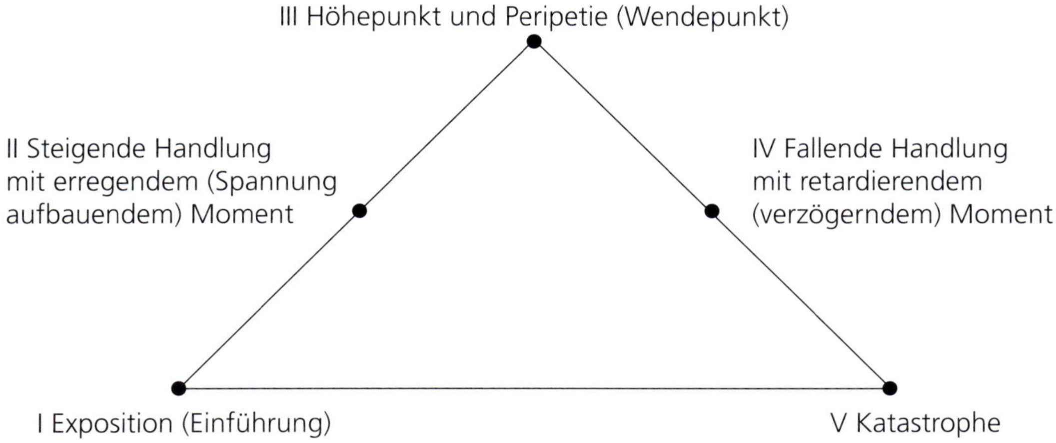

Anschließend erfolgt der Transfer auf das Stück, indem die Szeneneinteilung und der Handlungsaufbau vergleichend ermittelt werden (Arbeitsauftrag 2).
Das Ergebnis kann ausführlich, vergleichbar der Übersicht in diesem Modell (S. 12), erfasst werden oder durch eine reine Auflistung der Szenen.
Das folgende Tafelbild stellt hier einen Kompromiss dar:

Gliederung und Spannungsaufbau von „norway.today"

Szene/Seiten	Zeit/Ort	Inhalt	Funktion
1, S. 11–20	Chatroom	***Der Selbstmordpakt***	Exposition: Einführung der Situation und der Protagonisten
2, S. 20–31	Tag/Norwegen, Schnee, am Abgrund	***„Im Angesicht des Todes"*** Wahrnehmung des Todesschauplatzes	Spannungssteigerung: Motive, Ernsthaftigkeit bzw. Zaudern, sich wirklich umzubringen
3, S. 32–37	Perspektivwechsel, Felswand	***Machtkampf am Abgrund***	Peripetie
4, S. 37–49	Nacht, vor und in dem Zelt, virtueller Ort Stadt	***Virtuelle Intimität***	Retardierendes Moment: Liebe als Möglichkeit, Verzicht auf den Suizid?
5, S. 49–Ende	Morgengrauen, vor dem Zelt und am Abgrund	***Abschied – ein echter „Fake": Abtritt von der Bühne des Todes***	Katastrophe? – Lösung

Anschließend wird der zweite Teil des Arbeitsblattes bearbeitet.

- *Ordnen Sie anhand der Gegenüberstellung nach Volker Klotz „norway.today" der offenen bzw. geschlossenen Form des Dramas zu.*

Die kurze Gegenüberstellung der offenen und geschlossenen Form des Dramas nach der Typologie von Volker Klotz verweist zum einen auf die Unterschiedlichkeit der Form von Dramen und provoziert vor diesem Hintergrund wiederum eine Einordnung. Die Tabelle wird von jedem einzeln wahrgenommen, woraufhin die Zuordnung im Unterrichtsgespräch begründet wird. Natürlich können auch andere Dramenbeispiele, sofern im Unterricht behandelt, vergleichend eingeordnet werden.
Abschließend fassen diese Impulse die Ergebnisse zusammen und leiten über zur Auseinandersetzung mit postmoderner Adaption von Traditionen:

- *Fassen Sie Ihre Ergebnisse zusammen und beurteilen Sie die Konzeption des Dramas von Bauersima aus dem Jahr 2000.*
- *Welche Funktion hat Ihrer Meinung nach die Struktur des Stückes?*

Die Schüler werden feststellen, dass das moderne Schauspiel streng klassisch aufgebaut ist. Vielleicht werden sie als Unterschied problematisieren, dass bei Bauersima kein Held ernsthaft gegen das Schicksal kämpft, sondern sich zwei Antihelden mit Scheinproblemen herumschlagen. Die Spannung zwischen traditioneller Struktur und hochmodernem Inhalt wirft Rätsel auf, welche im folgenden Unterrichtsschritt (5.2) in den Mittelpunkt rücken.
Eine Recherche des Begriffs „Postmoderne" als Hausaufgabe kann den Unterrichtsbaustein 5.3 vorbereiten. Diese Hinführung dient der selbstständigen Auseinandersetzung mit dem zeitgeschichtlichen Hintergrund, ist allerdings nicht zwingend, weil die Materialien eine Begriffsdefinition abdecken.

- *Recherchieren Sie den Begriff „Postmoderne".*

Wer die dramentheoretischen Konzeptionen vertiefen möchte, realisiert den folgenden optionalen Baustein 5.2.

5.2 Klassisches versus episches Theater (Exkurs, Vertiefung)

Optional können die dramentheoretischen Positionen und Konzeptionen an dieser Stelle auch noch ergänzt und vertieft werden, indem eine Gegenüberstellung der Theorien Schillers und Brechts erarbeitet wird. Der Baustein ist im Hinblick auf „norway.today" optional, da Bauersima weder dem klassischen noch dem epischen Theater affin ist. Vielmehr zeigt der Exkurs auf, dass die Postmoderne den aufklärerischen Impetus aufgegeben hat. Das Theater als Ort der Belehrung und Aufklärung – was gleichermaßen für Schiller und für Brecht gilt – ist zeitgeschichtlich überholt. Bauersima arbeitet allerdings mit Verfremdungseffekten, hält den Zuschauer wie Brecht distanziert, durchbricht immer wieder die Bühnenillusion, wie er sagen würde, den „Fake": Die Figuren treten an den Bühnenrand, abgefilmtes Handeln und Schauspieleraktionen sind asynchron, am Abgrund steht eine Leiter u. Ä. „Bauersima ist ein Spezialist für den banalen Ton einer Nebensätze abholden Sprache, dem Leben abgelauscht", so Barbara Burckhardt[1]. Diese Sprache distanziert ebenfalls, zeigt im Para-

[1] dies. im Nachwort der Fischer-Ausgabe von „norway.today", S. 188

doxen die groteske Wirklichkeit auf und offenbart dann hinter der Banalität philosophische Denkspiele. Doch auch wenn Bauersima das Appellativ-Belehrende fehlt, so bleiben seine Stücke nicht in der Absurdität verhaftet. Die Handlung ist eine Metapher einer Welt, der man nicht entkommen kann. So leicht Bauersimas „Selbstmörder-Komödie" daherkommt, so wirkt sie dennoch nach, indem sie gerade in der grotesken desillusionierenden Verzerrung der Wirklichkeit deren Wahnsinn porträtiert.

Die **Arbeitsblätter 15** und **16** (S. 90 und 91) zeigen die dramentheoretischen Positionen Schillers und Brechts auf. Diese können nach der Erarbeitung gegenüberstellend in einem Tafelbild[1] erfasst werden.

- *Arbeiten Sie aus dem Text „Die Schaubühne als moralische Anstalt" heraus, welche Aufgaben und Wirkungsabsichten Schiller für die „Schaubühne" sieht.*
- *Arbeiten Sie aus den Anmerkungen zur Oper „Aufstieg und Fall der Stadt Mahagonny" heraus, welche Akzente Brecht mit seinem epischen Theater setzt.*

Schiller

- zeitübergreifende Wirkungsmöglichkeit des Theaters
- Eine gut stehende Bühne liefert wesentliche Beiträge zur Herstellung gemeinsamer Grundlagen.
- positive Veränderung des Charakters des Einzelnen durch Vorbild und Abschreckung
- allseitige positive Veränderung des Menschen als Voraussetzung für Veränderungen der gesamten Gesellschaft (Überwindung der Standesschranken, Prinzipien der Menschlichkeit als Grundlage)

Brecht

- Verständnis wecken für politische, wirtschaftliche und soziale Vorgänge in der Welt
- Wiedergabe der heutigen Welt durch Theater ist möglich; Suche nach neuen Kunstmitteln zur Wiedergabe von „Welt"
- Welt muss als veränderbar begriffen werden.
- Theater muss gesellschaftliche Missstände aufzeigen.
- Der Mensch muss als Handelnder in der Welt begriffen werden, nicht als Opfer.
- Gesellschaftliche Verhältnisse dienen als Bezugspunkt.

Ein vertiefendes Unterrichtsgespräch bezieht exemplarische Theaterstücke ein und provoziert eine Stellungnahme der Schüler. Dabei soll auch ein Vergleich zum Drama „norway.today" gezogen werden.

- *Welche Dramen kennen Sie, die diesen beiden Positionen zuzurechnen sind?*
- *Welche Konzeption entspricht Ihnen mehr?*
- *Vergleichen Sie „norway.today" mit diesen beiden Konzeptionen.*
- *Brecht fragt in einem Aufsatz von 1955: „Kann die heutige Welt durch Theater wiedergegeben werden?"[2] Beantworten Sie die Frage mit Blick auf das Stück „norway.today".*

[1] übernommen aus: Einfach Deutsch: Top Dogs, erarbeitet von Annegret Kreutz, S. 90
[2] B. Brecht: Werke. Band 23: Schriften. Frankfurt a.M. 1993

5.3 Postdramatisches Theater-Spiel

Das Stück „norway.today" als „postdramatisches" Theater[1] einzustufen oder diesem das Etikett „postmodern" aufzukleben, mag problematisch erscheinen, insbesondere deshalb, weil die kulturelle Debatte um das, was „postmodern" ist, kontrovers geführt wird, ja einige den Begriff ablehnen. Der Begriff der Postmoderne ist unscharf und schwierig, nicht zuletzt, da er multidisziplinär erörtert wird. „Wenn Postmoderne mit dem Slogan „Anything goes" assoziiert wird, so liefert die Diskussion den Beweis dafür, doch was hilft das?"[2] Es hilft in Bezug auf Bauersimas Drama umso weniger, Trennschärfe zu vermissen, als Bauersima mit seiner Zeitgenossenschaft ganz spielerisch umgeht und selbstironisch sein „Kunstwerk" in ihren Horizont stellt. Deshalb ist es weiterführend, sich einige Einzelaspekte anzusehen, die unter dem „Arbeitstitel" „Postmoderne" zusammengeführt werden, da diese Inhalt und Form des Stückes als Zeugnis der Gegenwartsliteratur, als zeitgeschichtliches „Kunstprodukt" fassbar und damit auch das selbstironische Spiel des Autors mit dieser kulturellen Zeitgenossenschaft reflektierbar machen.

Bauersimas Stück folgt weniger einer „postdramatischen" Theaterkonzeption (vgl. Lehman[3]), für die Elemente wie „Performance-Text", Traumlogik, Chortheater, „Sprache als Ausstellungsobjekt" kennzeichnend sein können (vgl. **Zusatzmaterial 13**, S. 119). Bauersima stellt mit seinen Hauptfiguren typische Kinder ihrer Zeit auf die Bühne, die am Zeitgeist leiden und dessen Beliebigkeit, mangelnde Authentizität und auch lebensmüden Medienkonsum erfahren. Insofern werden diese gleichermaßen zu Kritikern postmoderner Wirklichkeitsdekonstruktion, aber auch zu Repräsentanten dieser Geisteshaltung, indem sie Originalität verweigern und eine Collage von Zitaten darbieten, z. B. aus Volksweisheiten, Musikstücken, Filmen, Philosophiegeschichte, Videoschnitttechnik. Kritiker bemängeln, dass dadurch die Figuren zu Abziehbildern werden, flach und leblos[4].

Die Kamera im Stück wird zur Metapher dieses unechten Lebens und dokumentiert es als mediales Auge für den Zuschauer. Bauersima schafft ironische Distanz zur eigenen Gegenwart, zerstört die Illusion – ein postdramatischer Verfremdungseffekt. Der Autor konzipiert klassisch pyramidal, verfremdet episch (vgl. 5.2), dokumentiert einen realen Fall und dessen Internetrealität, bedient sich bei den Traditionen und verschweigt dabei auch die geistigen „Urheber", deren Recht auf gedankliche Einmaligkeit damit – typisch postmodern – angezweifelt wird.

Bauersima porträtiert belustigt den Zeitgeist und nimmt sich dafür die Freiheit, zusammenzukleben, was ein groteskes Bild der Wirklichkeit ergibt. Dabei schafft er eine neue Form des Theaters, bringt Filmtheater[5] auf die Bühne und wird damit zum Vorreiter multivisueller Inszenierung.

Und so kann man bei aller Problematik des Begriffes schlussfolgern, dass mit „norway.today" eben ein postmodernes Stück über die Postmoderne vorliegt, indem es Altes, Bekanntes verarbeitet und neu arrangiert.

Auch andere Stücke Bauersimas verweisen auf das Ende der Moderne, wirken wie ein Abgesang auf eine nicht mehr lebensfähige Epoche[6].

Die zunehmende Mediatisierung des Alltags, die den Manipulationen der Bildmedien ausgesetzte Wahrnehmung und damit die fragwürdige Differenz zwischen Schein und Sein

---

1 H.-Th. Lehmann: Postdramatisches Theater, Frankfurt a.M. 1999

2 K. Sontheimer: Auf der Suche nach der Postmoderne..., in: Postmoderne, Anbruch einer neuen Epoche? Eine interdisziplinäre Erörterung, hrsg. v. Günther Eifler u. Otto Saame, Wien 1990

3 H.-Th. Lehmann: a.a.O.

4 Vgl. z. B. Rezension aus der Saarbrücker Zeitung, s. Arbeitsblatt 23, S. 99.

5 Bauersima im Interview mit A. Grudda, s. Klappentext der Monografie von: Alexandra Freund: Fake ist total real. Das Theater des Igor Bauersima. Kleine Mainzer Schriften zur Theaterwissenschaft. Tectum Verlag, Marburg 2007

6 Vgl. Burckhardt im Nachwort der Fischer-Ausgabe von „norway.today, S. 191.

fordern auch das Theater heraus, erfordern neue Inszenierungsformen – so A. Freund in einer theaterwissenschaftlichen Studie zu Bauersima[1]. Die Autorin versucht, den Schriftsteller und Regisseur in die „postdramatische" Theaterlandschaft einzuordnen: Der Satz Julies, dass Fake total echt sein kann (vgl. 60), treffe das dramatische Schaffen des Autors im Kern. Bauersima vermischt die Live-Aktion des Schauspielers mit ihrem filmischen Abbild, sodass Realität und Fiktion, Kino und Theater sich wechselseitig kommentieren. So wird das inhaltliche Thema auch zum ästhetischen. Die Inszenierung baut Verfremdungseffekte ein, z.B. wenn gefilmte Schauspieler und Akteure auf der Bühne asynchron sprechen. Alles erzeugt Zweifel, macht erfahrbar, woran die Figuren selbst leiden.
Wer die Dramaturgie Bauersimas als solche in den Mittelpunkt stellen möchte, findet im Zusatzmaterial zwei Exzerpte aus dem Buch von A. Freund. Eines reflektiert die dramatischen und inszenatorischen Besonderheiten des Theaters Bauersimas, das andere fokussiert die verschiedenen Arten des Mediengebrauchs *(***Zusatzmaterialien 14** und **15***, S. 121 ff.)*.
Auch im Unterricht soll das Stück in den Zeitgeist und die Gegenwartsliteratur eingeordnet werden, wobei Kenntnisse der Postmoderne-Debatte wohl nicht vorausgesetzt werden können. Aus diesem Grund liefern fünf verschiedene Materialien Einblicke in das Wesen der „Postmoderne". Diese Materialien *(***Arbeitsblätter 17–22***, S. 92 ff.)* können als Lernzirkel organisiert werden, wie hier aufbereitet, aber natürlich auch einzeln ausgewählt werden.
Verschiedene Definitionen stellen zunächst sowohl die Diskussion um den epochalen Begriff als auch Wesensmerkmale der Postmoderne im Überblick vor. Hier drängen sich erste Parallelen zum Stück auf: Diese Bezüge sind auf dem Lösungsblatt zum Ergebnisprotokoll des Lernzirkels im Detail ausgewiesen. Der Text **„Hauptsache echt"?** fokussiert die dem Stück immanente Problematik um Schein oder Sein, „fake" oder echt. Der spielerische Umgang mit Anleihen bei anderen geistigen Urhebern wird mit einem Lied der Gesangsgruppe „Die Prinzen" problematisiert **(Kunst oder Kopie?)**. Ein Beispiel aus der darstellenden Kunst des Aktionskünstlers Ross Sinclair, **„Real Life"**, fügt sich ebenfalls in die Thematik des Dramas ein und zeigt auch die Offenheit postmoderner Kunst, die letztlich das Werk des Betrachters ist.[2] Position bezieht der Text mit der Überschrift **Langeweile**, indem der epochale Niedergang, bedingt vor allem durch den Medienkonsum, angeklagt wird. So informieren und provozieren die verschiedenen Materialien, einerseits bezogen auf den Zeitgeist, also die eigene Gegenwart, andererseits bezogen auf die literaturgeschichtliche Einordnung und Beurteilung von „norway.today".

Den Auftakt zum Lernzirkel bilden die Information über das Vorgehen und die Vorbereitung für die Lernorganisation. Es werden vier Gruppen gebildet und Tischgruppen eingerichtet. Jede Station bekommt ein Schild, möglichst auf buntem Papier. An dieser Station wird das jeweilige Material in Klassenstärke ausgelegt. Alle vier Stationen werden zusätzlich mit einem Gruppensatz „Laufzettel" *(***Arbeitsblatt 17***, S. 92)* sowie dem Material für den Start (Versuch einer Definition, **Arbeitsblatt 18***, S. 94)* versorgt. Die Lehrkraft kann eine „Servicestation" einrichten.
Da der Zeitbedarf variieren kann, können die Teams je nach Andrang an den Stationen in beliebiger Reihenfolge den Lernparcours „durchreisen". Richtmaß sollten etwa 20 Minuten pro Station sein, sodass sich ein Gesamtzeitbedarf von ca. drei Unterrichtsstunden ergibt, wobei eine abschließende Plenumsrunde bereits eingerechnet ist. Die Materialien sollen in der Gruppe bearbeitet werden. Wichtig ist, dass die Ergebnisse zweiphasig gesichert werden: Zuerst werden die Aufgaben auf einem Notizblatt gelöst und zum Schluss die Ergebnisse auf dem „Laufzettel" zusammengefasst. Ein Gruppenvertreter ist jeweils für den Ergebnisbericht von einer Station in der abschließenden Plenumsrunde zuständig. Der Erwartungshorizont ist in Form eines gelösten Ergebnisprotokolls für die Lehrkraft beigefügt.

---

1 a.a.O., S. 7–8
2 theoretisch ausgeführt z.B. von Roland Barthes (Rezeptionsästhetik)

Den Austausch über die Ergebnisse in der Plenumsrunde schließt folgender Impuls ab:

- *„norway.today" – ein postmodernes Drama? Nehmen Sie Stellung.*

Das Nachwort in der Fischer-Ausgabe von Barbara Burckhardt reflektiert Bauersima als Theaterschaffenden und bespricht neben „norway.today" auch andere Stücke bzw. Theaterproduktionen. Insbesondere die Seiten 187/188 und 191 stellen Bauersimas Dramen in den Horizont des „Endes der Moderne". Optional kann also die Lektüre des Artikels von Burckhardt den Lernzirkel nachbereiten.
Komprimierte Informationen zum Autor sind der Umschlaginnenseite zu entnehmen.
Im Zusatzmaterial findet sich auch noch eine ausführliche Version des Definitionsversuchs von Horst Steinmetz (**Zusatzmaterial 16**, S. 125). Auch dieser Text könnte ersatzweise mit folgenden Impulsen einbezogen werden, falls der Lernzirkel nicht realisiert wird.

- *Definieren Sie die Begriffe Moderne und Postmoderne.*
- *Nehmen Sie Stellung zur „Identitätskrise des Ich" und zur Möglichkeit individuellen Ausdrucks.*
- *Stellen Sie Bezüge zum Drama „norway.today" her.*

5.4 Das Stück in der Kritik

Bauersimas Drama ist von der Kritik einhellig positiv aufgenommen worden. Dass das Stück 2001 bei den Mühlheimer Theatertagen den Publikumspreis gewann, sorgte endgültig für den Durchbruch. Das moderne Drama richte sich an eine junge Zielgruppe und schaffe den Spagat zwischen tragischer Realität und leichter Inszenierung. Gelobt wird, dass es keinen Werther-Effekt haben kann, weil es Mut zum Leben macht und die Liebe über die Zweifel siegen lässt (vgl. Rezensionen aus der BZ und FR. **Zusatzmaterial 10**, S. 115). Auch die avantgardistische Inszenierung mit dem Medienspiel, das Bühne und Film dialogisch aufeinander bezieht, wird hervorgehoben.
„Mit Rene Pollesch, Falk Richter oder Stefan Pucher gehört er [Bauersima] zu jenen jungen Theatermachern, die ihren inszenatorisch-auktorialen Pas de deux an der Schnittstelle von Cyberspace, Medienphilosophie und Theaterformen erproben."[1]
Unterrichtserfahrungen haben jedoch auch gezeigt, dass einige Schüler das Stück kritischer sehen als viele Rezensenten. Der Bruch mit Schülern bekannten Theaterkonventionen provoziert auch Widerspruch, bis zum „Verriss" wegen unadäquater Sprachform. Jugendliche Alltagssprache erscheint nicht salonfähig für die Kunst. Außerdem verurteilen Jugendliche diese beiden scheinheiligen Suizidanten, deren Probleme banal seien, und dann möglicherweise das ganze Drama gleich mit. So wie sie die beiden Protagonisten nicht ernst nehmen können, so verweigern sie eventuell auch „norway.today" die Ernstnahme. Hier muss der Unterricht dann mit Blick auf Schwarzen Humor (3.1) und postmoderner Ironie (5.3) diesen Eindruck als gewollt herausstellen und dies auf die Aussageabsicht rückbeziehen.

Die kritische Würdigung des Stückes im Unterricht setzt mit einem Stimmungsbild ein, das auf die Auswertung des Presse-Echos folgt. Hierfür sind zwei Rezensionen ausgewählt, die auf einem Arbeitsblatt zusammen dargeboten werden (**Arbeitsblatt 23**, S. 99). Die Besprechung aus der Saarbrücker Zeitung bezieht sich nicht auf die Uraufführung, fokussiert aber den oft banal wirkenden Plauderton der Figuren im Stück kritisch. Die Auswertung der Re-

[1] Jörg Buddenberg in: A. Freund, vgl. Zusatzmaterial 14, S. 121

zensionen provoziert Zustimmung bzw. Kritik am Drama, sodass eigene Aspekte ergänzt werden können.

- *Arbeiten Sie Lob und Kritik der Rezensionen am Drama heraus. Ergänzen Sie dann jeweils eigene Aspekte (Lob und Kritik). Sichern Sie Ihr Urteil durch konkrete Bezüge auf den Dramentext ab.*

Die Wertungen werden in Form eines Stimmungsbildes abgerufen, dies kann z. B. durch Positionierung auf einer Skala (an der Tafel oder durch Aufstellen an einer auf den Boden aufgeklebten Linie) erfolgen oder aber – wie hier ausgearbeitet – in verschiedenen Ecken des Raumes. Drei Ecken/Zonen im Klassenraum bekommen durch entsprechende Pappschilder die Positionen „Befürworter", „Kritiker", „Unentschiedene" zugeordnet.

- *Positionieren Sie sich als „Befürworter", „Kritiker" oder „Unentschiedene", indem Sie sich zu den ausgewiesenen Tischgruppen begeben.*
- *Wie bewertet die Lerngruppe das Drama?*

Es folgt eine vertiefende Auseinandersetzung mit der kritischen Würdigung des Stückes, indem sich die Schüler in den „Ecken" zu Kleingruppen zusammenfinden und ihr Urteil unter Berücksichtigung von verschiedenen Aspekten begründen. Dabei fließen auch die Notizen aus der ersten Arbeitsphase ein. Die Ergebnisse werden von einem Gruppenmitglied stichpunktartig protokolliert.

- *Begründen Sie Ihre Wertung des Stückes, indem Sie folgende Aspekte einbeziehen: Thematik – Charaktere – Handlungsverlauf – Ort/Bühne – Form (Sprache, Medieneinsatz...) u. a.*

Im Anschluss an die Gruppenarbeit werden die Positionen jetzt erörtert. Die Sitzordnung in den Parteien („Ecken") bleibt dabei erhalten. Jede „Ecke" stellt zunächst die Wertung begründend dar, woraufhin dann diskutiert werden kann. Gegebenenfalls können auch Positionswechsel stattfinden.
Zwei weitere Rezensionen liefert das **Zusatzmaterial 10,** S. 115. Optional können auch die vier verschiedenen Rezensionen arbeitsteilig ausgewertet und im „Gruppenpuzzle"[1] abgeglichen werden.
Die kritische Auseinandersetzung könnte in einem Schreibauftrag zusammengeführt werden, wenn Schüler eine eigene Rezension formulieren. Dies kann als Hausaufgabe gestellt werden oder aber auch im Rahmen einer Klausur eingefordert werden. Diese Textproduktion wird im **Zusatzmaterial 8**, S. 113 angeleitet.

5.5 Inszenierung des Stückes

Im Rahmen des Unterrichtsmodells wird auf die Uraufführung am Düsseldorfer Schauspiel Bezug genommen, die Bauersima selbst betreut hat. Mittlerweile ist das Drama weit über hundertmal an Bühnen inszeniert worden, nimmt man Laientheatergruppen an Jugendzentren und Schulen hinzu, darf wohl von mehreren hundert Aufführungen ausgegangen werden.

[1] Eine Gruppe erarbeitet jeweils eine der vier Rezensionen. Dann bilden sich Puzzlegruppen, in die jede der vier Ausgangsgruppen einen Vertreter entsendet. In diesen Mischgruppen werden die Positionen zunächst dargestellt, dann erörtert.

Sollte keine Bühne in der Nähe das Drama im Spielplan haben, kann auf den Mitschnitt von zwei Szenen der Uraufführung zurückgegriffen werden (vgl. 4.1 und 4.2).
Doch können auch die Schüler in die Rolle von Regisseuren gebracht werden und Inszenierungsmöglichkeiten vorschlagen. Dies ist teilweise bereits in den Bausteinen als Denkimpuls einbezogen, außerdem findet sich eine Anregung im Rahmen eines Klausurvorschlags (**Zusatzmaterial 6**, S. 111).

Eine grundsätzlich andere Annäherung bietet die Analyse von Aufführungsplakaten[1] (vgl. **Arbeitsblatt 24**, S. 101). Sowohl die Abbildungen als auch die grafische Gestaltung suggerieren eine ganz unterschiedliche Rezeption und Akzentuierung des Stückes. Der bildliche Aufmacher der Bühnen Schwedt zeigt den Predigtstuhl (Prekestol) in Norwegen, also den wahren Schauplatz der Selbstmordverabredung im Internet. In der Wirkung setzt das Bild auf Identifikation: Ein einsamer Mensch steht am Abgrund – die Fallhöhe ist beängstigend, der Betrachter fragt sich insgeheim, was ihn an diesem Abgrund umtreiben könnte. Die Farbe Rot im Original dramatisiert, deutet den blutigen Ernst an oder schreckt ab. Das kanadische Off-Theater nimmt dem Abgrund seinen Schrecken und stellt die Zweierbeziehung ins Zentrum. August steht näher an der Klippe, Julie wirkt auf dem Rückzug, was eher dem Ende des Stückes entsprechen würde. Das heiter leicht formulierte „Would somebody like to die with me? :-)" richtet sich an den Betrachter und zeigt die groteske Situation auf, die man zurückweist und die doch Neugierde weckt, wen ein solcher Appell anziehen könnte. Das GRIPS-Theater in Berlin, ein Jugendtheater, legt grafisch nahe, dass das Stück ein mediales Spiel inszeniert. Piktogramme symbolisieren Hauptfiguren und zentrale Motive, etwa die Liebe, die per Video eingefangen werden soll. Ein Schiff segelt sprichwörtlich nah am Abgrund. Im Hintergrund leuchtet das Polarlicht und bildet ein bizarres Hintergrundbild. Dieses Plakat hält auf Distanz und verfremdet sehr stark. Eine Inszenierung aus Ibbenbüren zeigt die Fotos der Hauptdarsteller: Julie kopfüber sieht August an, August schaut nachdenklich ins Leere. Dies betont die Unsicherheit von August, der von Julie immer wieder herausgefordert wird. Wie unterschiedlich die beiden Charaktere sind, wird ebenfalls nahegelegt, sie die vom Leben verwöhnte eigentlich Heitere, er der skeptische Einzelgänger. Der Schlusssatz von August fordert mit dem Button zum „Abschicken" auf. Er wirkt hier wie ein Sinnspruch, wie er bei e-cards angehängt werden kann.
Das **Arbeitsblatt 24**, S. 101, bietet neben den zentralen Arbeitsaufträgen die vier Abbildungen dar. Eine vergleichende Analyse ist hier einem arbeitsteiligen Verfahren vorzuziehen, weil die Unterschiede einen vertiefenden Blick auf die Aussage der einzelnen Plakate provozieren. Die Erarbeitung erfolgt wahlweise in Partner- oder Kleingruppenarbeit. Dann werden die Ergebnisse im Plenum abgeglichen, was eine Wertung provoziert:

- *Auf dieser Seite finden Sie drei Plakate und das Titelblatt eines Programmheftes zu unterschiedlichen Aufführungen des Schauspiels von „norway.today". Untersuchen Sie die grafische Gestaltung dieser Plakate bzw. des Titelbildes. Gehen Sie dabei der Frage nach, welcher Aspekt des Schauspiels in den Mittelpunkt gerückt und wie dieser Aspekt verdeutlicht wird.*

Eine Auswertung in der Großgruppe schließt sich an:

- *Beschreiben und beurteilen Sie die Gestaltung der bildlichen Aufmacher für „norway.today".*

In dieses exemplarische Tafelbild sind Lösungsvorschläge eingetragen, die natürlich abhängig von der Lerngruppe auch variieren können:

[1] Vgl. P.A.U.L. D. 10, hrsg. von Johannes Diekhans und Michael Fuchs. Paderborn: Schöningh Verlag 2009, S. 207

Bildliche Aufmacher von Inszenierungen – Schwerpunktsetzungen

Bühnen Schwedt:

- authentischer Fall!
- Frage nach dem Selbstmordmotiv

↓

Identifikation mit Selbstmörder, Betroffenheit

kanadisches Off-Theater:

- Zweierbeziehung/Liebe (?)
- Beziehungskonstellation

↓

Befremden und Neugierde hinsichtlich des Suizidappells

GRIPS-Theater:

- Tod als virtuelles Spiel
- Liebesbeziehung

↓

Distanz: Rezeption der Handlung als spielerische Fiktion

Ibbenbürener Inszenierung

- Julie und August als Charaktere
- Beziehungskonstellation

↓

Paradoxie des Liebesglücks als Identifikationsangebot für Gleichgesinnte

Die Wertung kann in einen produktiven Arbeitsauftrag münden, indem die Schüler in Gruppen selbst versuchen, ein Aufführungsplakat zu konzipieren und umzusetzen. Diese Plakate werden in ihrer Gestaltung präsentiert, in der Konzeption begründet und dann – analog zu dem Verfahren mit den vier Beispielplakaten – vergleichend beurteilt.

■ *Gestalten Sie selbst ein Aufführungsplakat zu „norway.today". Überlegen Sie dazu, welcher Aspekt Ihnen besonders wichtig ist und wie Sie ihn grafisch verdeutlichen können.*

Notizen

Konzeption des Dramas

Gustav Freytag, 1816–1895, lehrte an der Universität Breslau deutsche Literatur und war selbst auch Schriftsteller. Die „Technik des Dramas" (1863) wurde zu einem der wichtigsten dramaturgischen Lehrbücher seiner Zeit. Freytag fasst hier die Dramentheorie nach Aristoteles und vor allem Friedrich Schiller zum sog. pyramidalen Aufbau des klassischen Dramas zusammen:

G. Freytag (1863): Die Technik des Dramas. 2. Kap.: Der Bau des Dramas

1. Spiel und Gegenspiel

Das Drama stellt in einer Handlung durch Charaktere, vermittelst Wort, Stimme, Gebärde, diejenigen Seelenvorgänge dar, welche der Mensch vom Aufleuchten eines Eindruckes bis zu leidenschaftlichem Begehren und zur Tat durchmacht, sowie die inneren Bewegungen, welche durch eigene und fremde Tat aufgeregt werden.

Der Bau des Dramas soll diese beiden Gegensätze des Dramatischen zu einer Einheit verbunden zeigen, Ausströmen und Einströmen der Willenskraft, das Werden der Tat und ihre Reflexe auf die Seele, Satz und Gegensatz, Kampf und Gegenkampf, Steigen und Sinken, Binden und Lösen.

In jeder Stelle des Dramas kommen beide Richtungen des dramatischen Lebens, von denen die eine die andere unablässig fordert, in Spiel und Gegenspiel zur Geltung; aber auch im Ganzen wird die Handlung des Dramas und die Gruppierung seiner Charaktere dadurch zweiteilig. Der Inhalt des Dramas ist immer ein Kampf mit starken Seelenbewegungen, welchen der Held gegen widerstrebende Gewalten führt. Und wie der Held ein starkes Leben in gewisser Einseitigkeit und Befangenheit enthalten muss, so muss auch die gegenspielende Gewalt durch menschliche Vertreter sichtbar gemacht werden. [...]

Diese zwei Hauptteile des Dramas sind durch einen Punkt der Handlung, welcher in der Mitte derselben liegt, fest verbunden.

Diese Mitte, der Höhepunkt des Dramas, ist die wichtigste Stelle des Aufbaues, bis zu ihm steigt, von ihm ab fällt die Handlung. [...]

2. Fünf Teile und drei Stellen des Dramas

Durch die beiden Hälften der Handlung, welche in einem Punkt zusammenschließen, erhält das Drama, – wenn man die Anordnung durch Linien verbildlicht – einen pyramidalen Bau. Es steigt von der Einleitung mit dem Zutritt des erregenden Moments bis zu dem Höhepunkt und fällt von da bis zur Katastrophe. Zwischen diesen beiden Teilen liegen die Teile der Steigerung und des Falles. Jeder dieser fünf Teile kann aus

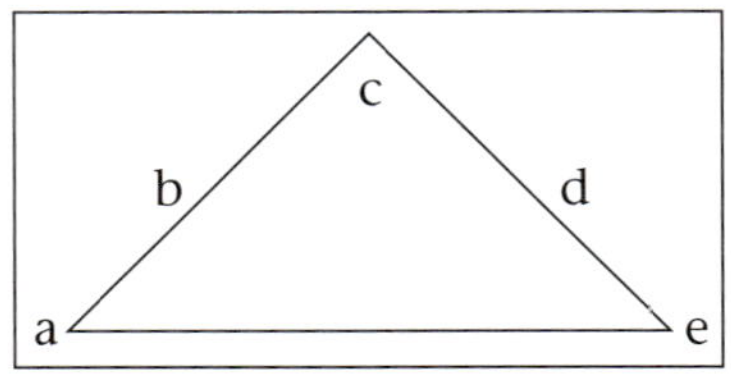

einer Szene oder aus einer gegliederten Folge von Szenen bestehen, nur der Höhepunkt ist gewöhnlich in einer Hauptszene zusammengefasst. Diese Teile des Dramas, a) Einleitung, b) Steigerung, c) Höhepunkt, d) Fall oder Umkehr, e) Katastrophe, haben jeder Besonderes in Zweck und Baurichtung. Zwischen ihnen stehen drei wichtige szenische Wirkungen, durch welche die fünf Teile sowohl geschieden als verbunden werden. Von diesen drei dramatischen Momenten steht eines, welches den Beginn der bewegten Handlung bezeichnet, zwischen Einleitung und Steigerung, das zweite, Beginn der Gegenwirkung, zwischen Höhepunkt und Umkehr, das dritte, welches vor Eintritt der Katastrophe noch einmal zu steigern hat, zwischen Umkehr und Katastrophe. Sie heißen hier: das erregende Moment, das tragische Moment, das Moment der letzten Spannung. Die erste Wirkung ist jedem Drama nötig, die zweite und dritte sind gute, aber nicht unentbehrliche Hilfsmittel. [...]

5. Die fünf Akte

[...]

In dem modernen Drama umschließt, im Ganzen betrachtet, jeder Akt einen der fünf Teile des Dramas, der erste enthält die Einleitung, der zweite die Steigerung, der dritte den Höhepunkt, der vierte die Umkehr, der fünfte die Katastrophe. [...]

Die Fünfzahl der Akte ist also kein Zufall. Schon die römische Bühne hielt auf sie. [...]

Nur nebenbei sei bemerkt, dass die fünf Teile der Handlung bei kleineren Stoffen und kurzer Behandlung sehr wohl ein Zusammenziehen in eine geringere Zahl von Akten vertragen. Immer müssen die drei Momente: Beginn des Kampfes, Höhepunkt und Katastrophe, sich stark voneinander abheben, die Handlung lässt sich dann in drei Akten zusammenfassen. Auch bei der kleinsten Handlung, welche in einem Akte verlaufen kann, sind innerhalb desselben die fünf oder drei Teile erkennbar.

Zit. nach: Heinz Geiger, Hermann Haarmann: Aspekte des Dramas. Eine Einführung in die Theatergeschichte und Dramenanalyse. Opladen: Westdeutscher Verlag, 4. Auflage 1996, S. 189–191

Offenes und geschlossenes Drama (Typologie nach Volker Klotz)

Handlung	
geschlossen	offen
• einheitliche, in sich abgeschlossene Haupthandlung • kausale Verknüpfung der Szenen (Nichtaustauschbarkeit) • einzelne Handlungen als Schritte einer logisch und psychologisch zwingenden Abfolge	• mehrere Handlungen gleichzeitig (Polymethie) • Zerrissenheit der Handlungsabfolge • relative Autonomie einzelner Episoden
Zeit	
• Einheit der Zeit • Zeit nur Rahmen des Geschehens • keine Zeitsprünge	• ausgedehnter Zeitraum • Zeit als in die Ereignisse eingreifende Wirkungsmacht • Zeitsprünge zwischen Szenen
Ort	
• Einheit des Ortes • Ort nur Rahmen des Geschehens	• Vielheit der Orte • Räume charakterisieren und determinieren
Personen	
• geringe Zahl • Ständeklausel (Tragik ist nur Personen von hohem Rang vorbehalten) • hoher Bewusstseinsgrad	• große Zahl • keine ständischen und sozialen Beschränkungen • komplexes Zusammenspiel von Innenwelt und Außenwelt

Volker Klotz: Geschlossene und offene Form im Drama, München 1960.

1. *Fassen Sie die Kernaussagen Freytags zusammen, indem Sie ein Schaubild mit dem pyramidalen Aufbau des Dramas entsprechend beschriften.*
2. *Bauersima hat sein Stück nicht in nummerierte Szenen/Akte unterteilt. Ermitteln Sie anhand der Regieanweisungen die Anzahl der Szenen und vergleichen Sie den Aufbau der Handlung von „norway.today" mit dem von Freytag dargestellten klassischen Drama.*
3. *Ordnen Sie anhand der Gegenüberstellung nach Volker Klotz „norway.today" der offenen bzw. geschlossenen Form des Dramas zu.*
4. *Fassen Sie Ihre Ergebnisse zusammen und beurteilen Sie die Konzeption des Dramas von Bauersima aus dem Jahr 2000.*
5. *Hausaufgabe: Recherchieren Sie den Begriff „Postmoderne".*

Friedrich Schiller: Die Schaubühne als moralische Anstalt (1784)

Die Gerichtsbarkeit der Bühne fängt an, wo das Gebiet der weltlichen Gesetze sich endigt. Wenn die Gerechtigkeit für Gold verblindet und im Solde der Laster schweigt, wenn die Frevel der Mächtigen ihrer Ohnmacht spotten und Menschenfurcht den Arm der Obrigkeit bindet, übernimmt die Schaubühne Schwert und Waage und reißt die Laster vor einen schrecklichen Richterstuhl. Das ganze Reich der Fantasie und Geschichte, Vergangenheit und Zukunft stehen ihrem Wink zu Gebot. Kühne Verbrecher, die längst schon im Staub vermodern, werden durch den allmächtigen Ruf der Dichtkunst jetzt vorgeladen und wiederholen zum schauervollen Unterricht der Nachwelt ein schändliches Leben. Ohnmächtig, gleich den Schatten in einem Hohlspiegel, wandeln die Schrecken ihres Jahrhunderts vor unsern Augen vorbei, und mit wollüstigem Entsetzen verfluchen wir ihr Gedächtnis. [...]

So gewiss sichtbare Darstellung mächtiger wirkt als toter Buchstabe und kalte Erzählung, so gewiss wirkt die Schaubühne tiefer und dauernder als Moral und Gesetze.

Aber hier *unterstützt* sie die weltliche Gerechtigkeit nur – ihr ist noch ein weiteres Feld geöffnet. Tausend Laster, die jene ungestraft duldet, straft sie! Tausend Tugenden, wovon jene schweigt, werden von der Bühne empfohlen. Hier begleitet sie die Weisheit und die Religion. Aus dieser reinen Quelle schöpft sie ihre Lehren und Muster und kleidet die strenge Pflicht in ein reizendes, lockendes Gewand. Mit welch herrlichen Empfindungen, Entschlüssen, Leidenschaften schwellt sie unsere Seele, welche göttliche Ideale stellt sie uns zur Nacheiferung aus! [...]

Nicht bloß auf Menschen und Menschencharakter, auch auf Schicksale macht uns die Schaubühne aufmerksam und lehrt uns die große Kunst, sie zu ertragen.

[...]

Die Schaubühne ist die Stiftung, wo sich Vergnügen mit Unterricht, Ruhe und Anstrengung, Kurzweil mit Bildung gattet, wo keine Kraft der Seele zum Nachteil des anderen gespannt, kein Vergnügen auf Unkosten des Ganzen genossen wird. Wenn Gram an dem Herzen nagt, wenn trübe Laune unsre einsame Stunden vergiftet, wenn uns Welt und Geschäfte anekeln, wenn tausend Lasten unsre Seelen drücken und unsre Reizbarkeit unter Arbeiten des Berufs zu ersticken droht, so empfängt uns die Bühne – in dieser künstlichen Welt träumen wir die wirkliche hinweg, wir werden uns selbst wiedergegeben, unsre Empfindung erwacht, heilsame Leidenschaften erschüttern unsre schlummernde Natur und treiben das Blut in frischeren Wallungen. Der Unglückliche weint hier mit fremdem Kummer seinen eigenen aus – der Glückliche wird nüchtern und der Sichere besorgt. Der empfindsame Weichling härtet sich zum Manne, der rohe Unmensch fängt hier zum ersten Mal zu empfinden an. Und dann endlich – welch ein Triumph für dich, Natur – so oft zu Boden getretene, so oft wieder auferstehende Natur – wenn Menschen aus allen Krisen und Zonen und Ständen, abgeworfen jede Fessel der Künstelei und der Mode, herausgerissen aus jedem Drange des Schicksals, durch *eine* allwebende Sympathie verbrüdert, in *ein* Geschlecht wieder aufgelöst, ihrer selbst und der Welt vergessen und ihrem himmlischen Ursprung sich nähern. Jeder Einzelne genießt die Entzückungen aller, die verstärkt und verschönert aus hundert Augen auf ihn zurückfallen, und seine Brust gibt jetzt nur *einer* Empfindung Raum – es ist diese: ein *Mensch* zu sein.

Zitiert nach: B. Schurf/A. Wagener (Hg.): Texte, Themen und Strukturen. Deutschbuch für die Oberstufe. Berlin Cornelsen-Verlag 2009, S. 183f.

■ *Arbeiten Sie aus dem Text „Die Schaubühne als moralische Anstalt" (1784) heraus, welche Aufgaben und Wirkungsabsichten Schiller für die „Schaubühne" sieht.*

Bertolt Brecht: Anmerkungen zur Oper „Aufstieg und Fall der Stadt Mahagonny“ (1930) (Auszug)

Das waren große Änderungen.
Folgendes Schema zeigt einige Gewichtsverschiebungen vom dramatischen zum epischen Theater.*

Dramatische Form des Theaters	*Epische Form des Theaters*
Die Bühne „verkörpert“ einen Vorgang	sie erzählt ihn
verwickelt den Zuschauer in Aktion und	macht ihn zum Betrachter, aber
verbraucht seine Aktivität	weckt seine Aktivität
ermöglicht ihm Gefühle	erzwingt von ihm Entscheidungen
vermittelt ihm Erlebnisse	vermittelt ihm Kenntnisse
der Zuschauer wird in eine Handlung hineinversetzt	er wird ihr gegenübergesetzt
es wird mit Suggestion gearbeitet	es wird mit Argumenten gearbeitet
die Empfindungen werden konserviert	bis zu Erkenntnissen getrieben
der Mensch wird als bekannt vorausgesetzt	der Mensch ist Gegenstand der Untersuchung
der unveränderliche Mensch	der veränderliche und verändernde Mensch
Spannung auf den Ausgang	Spannung auf den Gang
eine Szene für die andere	jede Szene für sich
die Geschehnisse verlaufen linear	in Kurven
natura non facit saltus	facit saltus
die Welt, wie sie ist	die Welt, wie sie wird
was der Mensch soll	was der Mensch muß
seine Triebe	seine Beweggründe
das Denken bestimmt das Sein	das gesellschaftliche Sein bestimmt das Denken

Der Zuschauer des dramatischen Theaters sagt: Ja, das habe ich auch schon gefühlt. – So bin ich. – Das ist nur natürlich. – Das wird immer so sein. – Das Leid dieses Menschen erschüttert mich, weil es keinen Ausweg für ihn gibt. – Das ist große Kunst: da ist alles selbstverständlich. – Ich weine mit den Weinenden, ich lache mit den Lachenden.
Der Zuschauer des epischen Theaters sagt: Das hätte ich nicht gedacht. – So darf man es nicht machen. – Das ist höchst auffällig, fast nicht zu glauben. – Das muß aufhören. – Das Leid dieses Menschen erschüttert mich, weil es doch einen Ausweg für ihn gäbe. – Das ist große Kunst: da ist nichts selbstverständlich. – Ich lache über den Weinenden, ich weine über den Lachenden.

Das Lehrtheater

Die Bühne begann, lehrhaft zu wirken.
Das Öl, die Inflation, der Krieg, die sozialen Kämpfe, die Familie, die Religion, der Weizen, der Schlachtviehhandel wurden Gegenstände theatralischer Darstellung. Chöre klärten den Zuschauer über ihm unbekannte Sachverhalte auf.

* Dieses Schema zeigt nicht absolute Gegensätze, sondern lediglich Akzentverschiebungen. So kann innerhalb eines Mitteilungsvorgangs das gefühlsmäßig Suggestive oder das rein rational Überredende bevorzugt werden.

Aus: Bertolt Brecht: Werke. Große Kommentierte Berliner und Frankfurter Ausgabe. Band 24: Schriften 4.
Aus lizenzrechtlichen Gründen nicht in reformierter Schreibung

■ *Arbeiten Sie aus den Anmerkungen zur Oper „Aufstieg und Fall der Stadt Mahagonny“ (1930) heraus, welche Akzente Brecht mit seinem epischen Theater setzt.*

Lernzirkel Postmoderne „Laufzettel" – Ergebnisprotokoll

- *Bilden Sie Gruppen von 4–5 Personen und besuchen Sie reihum die Stationen mit den ausgelegten Materialien. An den Stationen bearbeiten Sie bitte als Gruppe die ausgelegten Arbeitsblätter. Lösen Sie die Aufgaben zunächst stichpunktartig auf gesondertem Notizpapier und halten danach die Ergebnisse zusammenfassend auf diesem „Laufzettel" fest. Jeweils ein Gruppenmitglied ist für eine Station verantwortlich, deren Ergebnisse dieses in der Plenumsrunde am Schluss vorstellt und erläutert.*

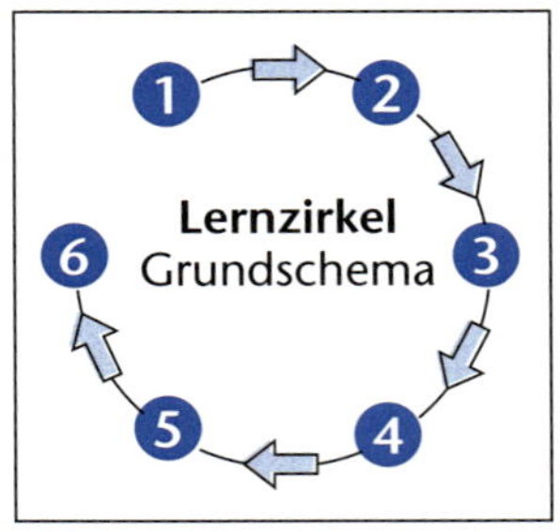

Titel der Station	fertig gestellt am	Merkmale der „Postmoderne"	Bezüge zu „norway.today"
Versuch einer Definition			
Kunst oder Kopie?			
„Hauptsache echt"			
Langeweile			
Real Life			

Lernzirkel Postmoderne „Laufzettel" – Ergebnisprotokoll (Lösungen)

Titel der Station	Merkmale der „Postmoderne"	Bezüge zu „norway.today"
Versuch einer Definition	• Spieler. Rückgriff auf Stoff- und Formtraditionen • Stilmischung: alt – neu • Stilmittel: Ironie, Groteske, Satire • Infragestellung ernsthafter Literatur • Prinzipielle Offenheit • Mehrdeutigkeit	• Anleihen Philosophie, Dramenaufbau, Musik, Kino ... • Einheit des Ortes medial aufgebrochen • Situationskomik und Sprachkomik (Paradoxien) • Jugendsprache, Vulgärsprache, Internetsprache bühnentauglich • Sprachliche Absurditäten (fake-echt) • Keine Belehrung, keine Illusion
Kunst oder Kopie?	• Kunst macht Anleihen: Zitate und Anspielungen – Urheberschaft wird gern auch vernachlässigt. • Altes wird neu kombiniert und als Original ausgegeben. • Schein ist mehr als Sein.	• August spielt auf Kant an, zitiert Cioran bei seiner Videobotschaft. • Julie hat das cineastische Vorbild Natalie Wood, sieht sich selbst wie im Film, übernimmt Filmzitate. • Div. Musikzitate • Bauersima „klaut" den Fall aus der Presse.
„Hauptsache echt"	• Leben als Schauspiel • Denken in Szenarien • Virtuelle Inszenierungen der Medien schaffen zweite „Realität". • Politik, Literatur, Freizeitkultur leben von Inszenierungen: alles wirkt unecht. • Bedürfnis nach Authentizität (Inszenierung muss echt wirken)	• August und Julie empfinden das Leben als fremdgesteuert, rollengeprägt, als „fake". • August fühlt sich nicht echt, nicht lebendig – schuld daran ist auch die Internet-Realität. • Beide denken in Szenarien: Sex als Kopfkino. • Die Videoaufzeichnung, nicht das Erleben zählt (Polarlicht). • Beide wollen sich vor der Kamera inszenieren, möglichst echt wirken. • Augusts „fakt", indem er (Cioran) zitiert, und wirkt dabei authentisch begeisternd auf Julie.
Langeweile	• Reizüberflutung • Materialismus, Konsumentenhaltung, Leben auf Pump • Unterhaltungsmedien als Ersatzrealitäten, abgestandenes Leben • Kultureller Niedergang	• Julie ist des Lebens überdrüssig, weil sie alles gehabt hat – Gefühl der Übersättigung. • Suizidplan aus Langeweile ohne existenzielle Nöte • Medien schaffen unechtes Lebensgefühl.
Real Life	• Der Mensch als Kunstsubjekt • Körperkunst, Tattoos: der Körper als Medium der Bekenntnis bzw. des Self-Designs • Die Sprache verfremdet paradox, macht aus Natur/dem Alltäglichen/dem Realen Kunst. • Das Publikum muss das offene Kunstwerk deuten. • Der Schriftzug zeigt, dass der postmoderne Mensch das Etikett nötig hat, weil er das Reale vom virtuell Geschaffenen nicht mehr trennen kann.	• August und Julie wissen nicht mehr, was das reale Leben ist, befinden sich in einer paradoxen Situation: empfinden das Echte als „fake". • Beide haben verlernt, das Reale auszuhalten, müssen es filmen, um es zu glauben. • Beide gehen mit sich um, als wären sie nicht sie selbst, sondern Statisten in einer fremdgesteuerten Welt und in einer Inszenierung. • Sprachfigur des Paradoxons: „Fake kann total echt sein", „Lang lebe der Tod". • Offenheit des Stücks

Lernzirkel „Postmoderne“
Startstation für alle: Versuch einer Definition

Definition 1:

Wie bereits im Einführungskapitel erwähnt wurde, lassen sich innerhalb der deutschsprachigen Literatur nach 1968 viele Namen mit der Postmoderne in Verbindung bringen. Gemeinsam ist ihnen, dass sie zumindest einige Kennzeichen postmoderner Schreibweise erfüllen. Sie greifen auf bestehende Stoff- und Formtraditionen zurück, verwenden diese aber spielerisch und betonen immer wieder die Selbstbezüglichkeit (Autoreferenzialität[1]) von Literatur. Der Umgang mit Geschichte und Tradition ist oftmals ironisch gebrochen. Stilmittel wie die Groteske, die Parodie oder die Satire drücken dies aus. Viele „postmoderne“ Texte verwischen Grenzen: einerseits zwischen Fiktionalem und Realem, andererseits die Grenzen hin zur Massenkultur, womit die bisherigen Wertmaßstäbe von „guter Literatur“ in Frage gestellt werden.

Heinz Forster und Paul Riegel: Deutsche Literaturgeschichte Band 12, © 1988 Deutscher Taschenbuch Verlag, München

Definition 2:

(post = lat.: nach). Unklare Sammelbezeichnung für eine Geisteshaltung (neuer Zeitgeist) bzw. eine (aus Architektur und Kunst vermittelte Stil- und) Denkrichtung, die sich als Gegen- oder Ablösungsbewegung zur Moderne versteht. Der auf rationale Durchdringung und Ordnung gerichteten Moderne stellt die P. eine prinzipielle Offenheit, Vielfalt und Suche nach Neuem entgegen, die von ihren Gegnern als Beliebigkeit („anything goes“) kritisiert wird.

Klaus Schubert/Martina Klein: Das Politiklexikon. 4., aktual. Aufl. Bonn: Dietz Verlag 2006

[1] Z. B. die Thematisierung des Schreibprozesses selbst; *auch:* der Text ist nur sich selbst gegenüber verantwortlich – Urheberschaften werden bestritten; *auch:* die Sprache verweist auf sich selbst und ist in dieser Autonomie unbestimmt und mehrdeutig.

Definition 3:

Zu den Undeutlichkeiten der Postmoderne gehört [...], dass man nicht sagen kann, wann genau sie eingesetzt hat. Manche rechnen ihr sogar Werke aus den 20er- und 30er-Jahren zu. Relativ eindeutig liegen die Dinge eigentlich nur in der Architekturgeschichte, in der der Begriff der Postmoderne denn auch einen seiner Ursprünge hat. [...] Dabei greift man ganz unbefangen auf bereits bekannte Elemente und Motive aus der Vergangenheit zurück. Dadurch entsteht eine Mischung verschiedener Stile, in der Altes und Neues direkt miteinander verbunden werden. Die Anleihen aus der Vergangenheit wirken manchmal wie Zitate und geben dem Ganzen etwas Spielerisches, ja Ironisches. Man besteht also keineswegs mehr auf Stilreinheit, sondern fühlt sich frei, zu verwenden, was einem sinnvoll oder auch vergnüglich erscheint, imitiert ohne Skrupel Überliefertes und Zeitgenössisches, pendelt unbekümmert zwischen Erneuerung und Tradition hin und her. [...] In der Postmoderne ist die große, die fast pathetische Gebärde verschwunden, mit der man sich während der Moderne in den Dienst einer mehr oder weniger kompromisslosen Suche nach Wahrheit und Wirklichkeit stellt. [...] Wo man etwas wie die Wahrheit verkünden will, tut man es ironisch und fast parodierend. [...] Man vertritt die Auffassung, alles sei vielgestaltig, mehrdeutig, veränderlich. [...] Es entsteht ein Spiel, ein Kombinationsspiel, dessen Spielcharakter nicht unterdrückt wird. [...] Alle Wahrheit ist alt. Berücksichtigt man diese Einsicht nicht, ist man naiv. Man leidet darum unter dem Druck der Wiederholung, der man nur entrinnen kann, wenn man die Attitüde der Ironie annimmt.

Horst Steinmetz: Moderne Literatur lesen. Eine Einführung. München: C. H. Beck (Becksche Reihe 1152)

1. *Lesen Sie die Definitionen und berücksichtigen Sie die Ergebnisse der eigenen Recherchen: Listen Sie Merkmale der Postmoderne auf.*
2. *Stellen Sie Bezüge zum Drama „norway.today“ her.*

Lernzirkel „Postmoderne"
Station: „Hauptsache echt"

Joseph von Westphalen: Die Lust an Inszenierungen (2002)

Die ganze Welt ist eine Bühne: Wie ein Stoßgebet wird diese Behauptung immer wieder gern geseufzt, mit der man im Handumdrehen den Ernst des Lebens zu einem Spiel macht – und damit erträglicher. Besser Bühne als Jammertal. Der Trostspruch, den Shakespeare so schön in Worte gefasst hat, funktioniert, wenn die Lage nicht allzu schlimm ist. [...]
Der tägliche Sprachgebrauch beweist, wie sehr wir daran gewöhnt sind, das Leben als ein Stück anzusehen. Die Boulevardzeitungen tun nichts lieber als die menschlichen Umtriebe als „Dramen" oder „Tragödien" zuzubereiten und zu verkaufen. Sehr viel seltener wird das Leben als Komödie aufgefasst, obwohl es doch durchaus hilft, eine mühsame Ehe oder ein unangenehmes Anstellungsverhältnis wenigstens als Farce oder Posse zu betrachten und damit erträglicher zu machen.
Wohin man blickt: Theater. Eine Weile wurde gern mit dem Begriff „Szenario" hantiert. Vor allem in den 80er-Jahren malte man sich alle möglichen Horrorszenarien aus, bevorzugt Weltuntergänge durch Atomkriege. Der Reaktorunfall Tschernobyl 1986 war dann keine ausgedachte, sondern eine wirkliche Tragödie. Ebenfalls in den 80er-Jahren kamen die Computer und die französischen Philosophen[1] in Mode, und plötzlich war alles „Simulation" und „virtuell" – auch das nur neue schicke Wörter für das Grundbedürfnis der Menschen, dass bitte alles nur ein Spiel sein möge. Wenn man sich seltsam fühlte, sagte man, man habe das Gefühl, „im falschen Film" zu sein.
Die französischen Meisterdenker aber haben die Welt weiß Gott nicht wirklich erklären können und die Computer auch nicht. „Simulation" und „virtuell" sind Begriffe, die langsam ausgedient haben und zu muffeln beginnen. Mit Computerprogrammen erzeugte virtuelle Welten, egal ob Museumsspaziergänge oder Mörderspiele, sind modernistische Mätzchen, die bald ihre restlichen Reize verloren haben werden. [...]

Regieren ist Inszenieren. Diese Gleichung möchte keck und schick klingen, zugleich edel und ehrlich nach modernem Management, wo Erfolge gemacht werden können. Literatur oder Kunst, Drogen oder Discos – und jetzt offenbar auch die Politik: Es gibt nur noch Szenen, und es kommt darauf an dazuzugehören. „They have their entrances." Jeder Parteitag, jeder neue Autotyp, jedes neue Betriebssystem, jeder neue Roman, alles, was durchgesetzt werden soll, braucht heute seinen inszenierten Auftritt. Doch immer, wenn inszeniert wird, kann auch ein Schmierenstück herauskommen. Gelungene Inszenierungen sind selten.
Oder so grausam, dass man davor zurückschreckt, sie so zu bezeichnen. Zweifellos war das Attentat der Islamisten auf die USA am 11. September vergangenen Jahres eine exakt vorbereitete, und was die Zerstörung der Twin Towers in New York betrifft, perfekt durchgeführte Inszenierung. Nichts anderes dürfte der Komponist Karlheinz Stockhausen gemeint haben, als er, überwältigt von den Eindrücken, wenig später von der Ästhetik der Katastrophe sprach und sich damit in die Nesseln setzte.
Je klarer sich die Gesellschaft darüber ist, dass Inszenierung das Leben bestimmt, desto größer ist das Verlangen nach Authentizität[2]. Wer heute ankommen will, muss vor allem authentisch wirken. In ungekünstelter Boulevardsprache: Hauptsache echt.

Aus: ders.: Echt oder unecht – ist das die Frage? In: Chrismon. Das evangelische Magazin, 11/2002, S. 32–33

[1] z. B. Lyotard, Derrida – die philosophischen „Vordenker" der Postmoderne

[2] Wahrhaftigkeit

1. *„Lust an Inszenierungen" – „Hauptsache echt": Erläutern Sie die Textaussagen über das Lebensgefühl der Postmoderne und suchen Sie zudem eigene Beispiele.*

2. *Stellen Sie Bezüge zum Drama „norway.today" her.*

Lernzirkel „Postmoderne“ Station: Langeweile

Alexander von Schönburg: Ennui[1] (1999)

Die Langeweile ist der Hauptfeind unserer Generation, weil wir damit aufgewachsen sind, verwöhnt und von Reizen überflutet. Wir sehnen uns nach der Unterbrechung der Langeweile. Wer an Hunger leidet und nicht im Adlon sitzt, langweilt sich nicht. Wir sind nichts als Produkte einer postmateriellen Generation, die nur noch mit der Langeweile zu kämpfen haben. Genau wie die Haltung zum Geld, das immer da sein muss, ob man es nun hat oder nicht. Unser Grundluxus ist so hoch, dass wir auch durch Schulden nicht weit fallen können. Die strahlenden Beispiele oben sind genau wie wir. Donald Trump[2] oder Kashoggi[3] waren auch nie reich, aber so hoch verschuldet, dass die Banken sie nicht mehr fallen lassen konnten. Es ist vollkommen Wurscht, ob du eine Milliarde plus oder minus hast. Wer es sich leisten kann, sein Konto um fünfzigtausend Mark zu überziehen, ist sehr reich. Wer sich die Schulden leisten kann, ist reich. Deshalb gibt es für uns auch keine Spur eines Existenzkampfes mehr. Wir kennen auch den Statuskampf der vorherigen Generationen nicht mehr. Daher haben wir Zeit für Langeweile. Es ist genau das Gefühl, das Marc Aurel hatte, als ihm zum Zeitpunkt römischer Hochkultur – gleichzeitig Beginn ihres Niedergangs – nichts mehr blieb, als versonnene Betrachtungen zu schreiben. Er schaute über die Hügel von Rom hinweg und sinnierte. Es war einfach alles zu perfekt. Wir schauen über die Quadriga und das hässliche Berlin dort unten hinweg und befinden uns ebenfalls am Fin de siècle[4] einer perfekten Kultur, die offensichtlich in ihrer höchsten Endform äußerst langweilig ist. [...] Ich sitze oft alleine vor dem Fernseher und schreie ihn an: „Make me laugh! Make me cry, you cunt[5]“, weil die Sehnsucht danach, die Langeweile zu brechen, unterhalten zu werden, so verdammt schwer zu befriedigen ist.

Alexander von Schönburg: Ennui in „Tristesse Royale“, hrsg. von Joachim Bessing

1 Langeweile
2 US-amerikanischer Unternehmer und Milliardär
3 saudiarabischer Multimilliardär und Waffenhändler
4 Jahrhundertwende
5 vulgär: Fotze

1. *Inwiefern kennzeichnet Langeweile das Lebensgefühl der postmodernen Generation und wodurch wird die Langeweile verursacht?*
2. *Sind wir Zeugen eines kulturellen Niedergangs? Nehmen Sie Stellung.*
3. *Stellen Sie Bezüge zum Drama „norway.today“ her.*

Lernzirkel „Postmoderne"
Station: Kunst oder Kopie?[1]

Intertextualität: Sammelbezeichnung für die Wechselbeziehungen und Verweise eines konkreten literarischen Textes zu einer Vielzahl anderer Texte, die ihm zugrunde liegen. Durch Zitate und Anspielungen breitet sich so ein enges Netz von textlichen Beziehungen aus.

Plagiat: Diebstahl geistigen Eigentums, besonders literarischen Eigentums, ohne Nennung des Urhebers

Die Prinzen: Alles nur geklaut

Ich schreibe einen Hit,
die ganze Nation kennt ihn schon,
alle singen mit,
ganz laut im Chor, das geht ins Ohr.
Keiner kriegt davon genug,
alle halten mich für klug,
hoffentlich merkt keiner den Betrug.

Denn das ist alles nur geklaut,
das ist alles gar nicht meine,
das ist alles nur geklaut,
doch das weiß ich nur ganz alleine,
das ist alles nur geklaut
und gestohlen,
nur gezogen
und geraubt.
Entschuldigung, das hab' ich mir erlaubt.

Ich bin tierisch reich,
ich fahre einen Benz,
der in der Sonne glänzt.
Ich hab'n großen Teich,
und davor ein Schloss und ein weißes Ross,
ich bin ein großer Held,
und ich reise um die Welt,
ich werde immer schöner durch mein Geld.

Doch das ist alles nur geklaut ...

Ich will dich gern verführen,
doch bald schon merke ich:
das wird nicht leicht für mich.
Ich geh' mit dir spazieren
und spreche ein Gedicht in dein Gesicht.
Ich sag, ich schrieb es nur für dich,
und dann küsst du mich,
denn zu meinem Glück weißt du nicht:

Das ist alles nur geklaut ...

Auf deinen Heiligenschein
fall' ich auch nicht mehr rein,
denn auch du hast, Gott sei Dank,
garantiert noch was im Schrank.

Und das ist alles nur geklaut
das ist alles gar nicht deine,
das ist alles nur geklaut,
doch das weißt du nur ganz alleine,
das ist alles nur geklaut
und gestohlen,
nur gezogen
und geraubt,
wer hat dir das erlaubt?
Wer hat dir das erlaubt?

Text & Musik: Tobias Künzel

1. *Die Kritiker der Postmoderne bemängeln „Intertextualität" oft abwertend als „Plagiat". Erarbeiten Sie den Liedtext und dessen Kommentar zu diesem Merkmal postmoderner Kunst.*
2. *Stellen Sie die Bezüge zum Drama „norway.today" her: Wo und mit welcher Funktion erscheint im Drama fremdes „geistiges Eigentum"?*
3. *Nehmen Sie Stellung zur Frage, ob dies die schriftstellerische Leistung Bauersimas schmälert.*

[1] Die Idee für dieses Arbeitsblatt entstammt: Claudia Dreyer: Postmoderne. Ein Lernzirkel. Donauwörth 2004

Lernzirkel „Postmoderne"
Station: Real Life

Ross Sinclair: Real Life Tattoo (1994); aus: Korte, H. u. a.: Inszenierte Wirklichkeit, Leipzig 2004, S. 47

1. *Der Künstler Ross Sinclair hat sich 1994 die Worte „Real Life" auf seine Rückenhaut tätowieren lassen. Deuten Sie das lebendige Kunstwerk, indem Sie alle Ideen dazu aus der Gruppe zunächst sammeln und dann erörtern.*
2. *Schlussfolgern Sie auf das Selbstverständnis der Kunst bzw. ihre Botschaften in der Postmoderne.*
3. *Stellen Sie Bezüge zum Drama „norway.today" her.*

Zwei Rezensionen zum Schauspiel „norway.today"

Günther Hennecke: Ein Todesspiel per Internet – Viel Beifall für „norway"-Uraufführung

Das Leben ist Julie zuwider. Sie spielt mit dem Gedanken an den Tod und fordert uns, das Publikum, zum Mitspielen, mindestens zum Nachdenken auf. Erfolg hat sie vor allem bei August, der auf einen Internetaufruf der 19-Jährigen, mit ihr gemeinsam aus dem Leben zu scheiden, positiv reagiert. So treffen sie sich, reden über Gott und die Welt, ihr Leben – und den Tod. Und fahren hinaus zu den Klippen eines norwegischen Fjords, um sich hinabzustürzen. Doch das Spiel um und mit dem Tod gerät unversehens zu einer Hymne[1] auf das Leben. Ein feines Gespinst[2] von Erinnerung und Liebe hält sie in der Welt, und wenn sie zum Schluss mit „Ich will weg hier" dem Tod Lebewohl sagt und er „Ich auch" hinzufügt, haben beide mit einem Tabu gebrochen – und das Leben gewonnen.

Igor Bauersima, bislang allenfalls Eingeweihten als Off-Theatermacher[3] in Zürich bekannt, gelang mit „norway.today" erstmals der Sprung auf eine renommierte Theaterbühne. Wenn auch nur auf die des Kleinen Hauses, so hatte das Düsseldorfer Schauspiel gleichwohl eine gute Nase und einen veritablen[4] Fang gemacht. Auch mit der Entscheidung, den Autor selbst Regie führen zu lassen. Heraus sprang ein äußerst lebendiger, ja heiterleichter Theaterabend. Nichts von dunkler Schwere belastete Thema und Inszenierung. Welch Glück zudem, in Düsseldorf mit Birgit Stöger und Christoph Luser zwei ebenso junge wie unbekümmerte Talente auf die Todesschaukel, die im Leben landet, schicken zu können. Hier die Aktive, dort der Zauderer: eine zarte Beziehung, die sich langsam und behutsam entwickelt. Dem Stück liegt übrigens eine wahre Begebenheit zugrunde: Dem Internetaufruf eines todessüchtigen Norwegers folgte eine junge Frau und beide sprangen von einer norwegischen Felsklippe in den Tod. Es geschah am 9. Februar dieses Jahres. Die Rückwand im Kleinen Haus ist eine riesige, flimmernde Leinwand. Davor eine Schräge, die, weiß vom Schnee, den Weg zur Todesklippe weist (Bühne Klaus Baumeister). Hierher kommen Julie und August, hier bauen sie ihr Zelt, hier gehen sie daran, den per Internet vereinbarten Sprung in den Tod zu tun. Sie schwatzen von ihm wie vom Alltag und schrecken doch immer wieder vor der Tat zurück. Morgen ist auch noch ein Tag. Ganz menschliche Regungen bringen sie allmählich zurück, führen weg vom Todestrip. Sie friert, und er will reden; und bevor sie zum Sprung ansetzen wollen, wärmen sie sich gegenseitig in ihrem kleinen Iglu, während wir, auf der nunmehr lebendigen Leinwand, das Pärchen plaudern sehen und hören: Eine Videokamera ist immer dabei. Als dann noch das Polarlicht die Nacht verzaubert, ist ein weiterer Schritt ins Leben getan. Sie wissen es nur selbst noch nicht.

Zum vermeintlichen Abschied wollen sie dann, ganz Kinder des Medienzeitalters, vorletzte und letzte Worte und Botschaften auf Video festhalten, verwerfen das Aufgenommene aber immer wieder als zu blöd, zu pathetisch oder einfach nur als fad. Wirklichkeit und virtuelle Realität durchmischen sich – bis sie ihr Medienspiel aufgeben: Sie werfen die Kamera über die Klippe. Als die an einem Felsvorsprung hängen bleibt, sind auch sie wieder endgültig im Leben gelandet. Von ihrer Todessehnsucht, mit der sie gespielt und jongliert haben, sind sie geheilt. Ein Pärchen nun, das zu wissen scheint, was wichtig ist und was es will. Das Polarlicht und seine Energien haben den Weg gewiesen. Was alles könnte die Geschichte schwermütig, ja unerträglich machen. Nichts von alledem zeigt Bauersimas Stück, schon gar nicht seine Inszenierung. Heiterkeit, ja Witz durchzieht die nur 90 Minuten lange, dabei ebenso kurzweilige wie nachdenkliche Aufführung. Ein schöner Gewinn fürs Theater. Langer und hochverdienter Applaus.

In: Neue Osnabrücker Zeitung vom 17.11.2000

1 Hymne: Loblied
2 Gespinst: vom Autor Erdachtes
3 Off-Theater: kleine Theater, die vor allem experimentelle Stücke unbekannterer Autoren spielen
4 veritabel: wahrhaft, echt

Plaudertaschen beim Selbstmord – Premiere für ein junges Team im Theater Arnual: „norway.today"

Saarbrücken. Julie, so jung, dass sie ihr Leben eigentlich noch vor sich hat, hat es schon satt. Nach dem Motto „Ich will über die Klippen springen, wer kommt mit?" hält sie in einem Internet-Chatroom nach einem passenden Partner Ausschau. Es meldet sich August, für den alles im Leben unecht, eben „fake" ist. August wirkt so zwar nicht ganz so entschlossen, aber Julies Plan reißt ihn irgendwie mit. Gemeinsam will man sich von einem 600 Meter hohen Felsen ins Meer stürzen, ein kurzer Sprung, und alles wäre vorbei. So geschehen in Norwegen, „norway.today" von Igor Bauersima beruht auf einer realen Begebenheit. Am Donnerstag hatte „norway.today" in der Reihe „Arnual spezial" im Theater Arnual in Saarbrücken

Premiere. Für Michael Kipp war es die erste Inszenierung – noch ein Mal bot das vor der Schließung stehende Haus dem Nachwuchs die Möglichkeit, sich auszuprobieren. Matthias Werner, sonst Ausstattungsassistent, schuf mit einem schlichten weißen Leintuch ein bestechend wandlungsfähiges Bühnenbild. Doch in dieser Selbstmörder-Komödie, die landauf landab ein Bühnenrenner, folgt auf das „Gesagt" nicht prompt das „Getan". Als Julie und August mit Brötchen, Zelt und Videokamera im Gepäck auf dem Felsplateau ankommen, sieht die Sache mit dem Tod plötzlich gar nicht mehr so einfach aus. Die beiden jungen Leute belauern, erforschen sich und tauen in der eisigen Landschaft allmählich auf. Angst spüren die zwei Ungleichen auf einmal, dauernd werden sie überrumpelt von etwas, was sie nicht zu haben glaubten: Gefühle. Christian Taubenheim wächst dem Zuschauer als August schnell ans Herz. Überzeugend gibt er den unsicheren Jüngling, hin und her gerissen, voller Skepsis, Fragen, Neugier, der sich für einen Feigling hält und den Klassenclown spielt. Brit Bartuschka als coole Julie, die erst spät die Maske fallen und ein weiches, verletzliches Mädchen zum Vorschein kommen lässt, bleibt daneben etwas flacher.

Das Stück lebt von der Absurdität der Situation, vor allem von aberwitzigen Dialogen. Zu sehr hat sich der Regisseur Kipp auf deren Wirkung verlassen, statt aus den Figuren mehr Tiefe und Spannung herauszuarbeiten. So geraten Julie und August über weite Strecken in ein Plaudern, wie man es aus den auf Pointen zugerichteten US-Sitcoms kennt. Und wirken so glaubwürdig wie Teeny-Darsteller in „Verbotene Liebe". Werden sie überhaupt springen? Der Reiz der Frage hat sich irgendwie schon nach einer halben Stunde erledigt.

(Sbu) In: Saarbrücker Zeitung, 19./20.02.2005

■ *Arbeiten Sie Lob und Kritik der Rezensionen am Drama heraus. Ergänzen Sie dann jeweils eigene Aspekte (Lob und Kritik). Sichern Sie Ihr Urteil durch konkrete Bezüge auf den Dramentext ab.*

Inszenierungsvarianten: Plakate[1]

1. *Auf dieser Seite finden Sie drei Plakate und das Titelblatt eines Programmheftes zu unterschiedlichen Aufführungen des Schauspiels „norway.today“. Untersuchen Sie die grafische Gestaltung dieser Plakate bzw. des Titelbildes. Gehen Sie dabei der Frage nach, welcher Aspekt des Schauspiels in den Mittelpunkt gerückt und wie dieser Aspekt verdeutlicht wird.*

2. *Gestalten Sie selbst ein Aufführungsplakat zu „norway.today“. Überlegen Sie dazu, welcher Aspekt Ihnen besonders wichtig ist und wie Sie ihn grafisch verdeutlichen können.*

---

[1] Vgl. Johannes Diekhans/Michael Fuchs: P.A.U.L. D. 10. Persönliches Arbeits- und Lesebuch Deutsch. Paderborn: Schöningh Verlag 2009, S. 207

Second Life – Leben in einer virtuellen Realität

Selbstvorstellung des 3D-Online-Spiels[1]

Virtuelle Welt

Second Life ist eine virtuelle 3D-Welt, die von ihren Benutzern erdacht und geschaffen wurde. Sobald Sie Second Life betreten, werden Sie eine ungeheure Vielfalt an Menschen und Möglichkeiten entdecken.

Was möchten Sie sein?

Erstellen und gestalten Sie Ihr eigenes digitales 3D-Ich, Ihren Avatar. Sie können eine Mode-Diva, ein Geschäftsmann oder ein Roboter sein. Oder alle drei! Schnell und einfach können Sie Ihre Identität ändern. Wenn Sie für Ihren Avatar ein neues Outfit oder einen neuen Körper brauchen, dann kaufen Sie einfach in Second Life oder über das Internet ein. In wenigen Sekunden ist Ihr Avatar verändert.

Treffen Sie andere

Treffen Sie alte Freunde oder schließen Sie neue Freundschaften. Mit Second Life können Sie in Echtzeit mit anderen kommunizieren, über IM oder sogar über Voice-Chat. Sie können sich mit Ihren Freunden in Einzelgesprächen oder in der Gruppe unterhalten. Es ist die ultimative Plattform, um sich mit anderen zu treffen und um Leute kennenzulernen.

Ihre Ideen

Second Life ist eine Welt, die von ihren Einwohnern, also von Leuten wie Ihnen, erdacht, gebaut und gestaltet wurde. Im Minutentakt werden neue Gebäude errichtet, neue Mode-Kollektionen designt, Clubs und Unternehmen eröffnet. Es gibt immer etwas Neues zu sehen und tun!

Alles ist möglich

Betreten Sie eine Welt mit unendlichen Möglichkeiten und leben Sie ein Leben ohne Grenzen, ganz nach Ihrer Vorstellung. Gemeinsam mit Menschen aus der ganzen Welt.

- *Womit lockt das Spiel „Neuankömmlinge“ auf der Homepage?*
- *Welche Auswirkungen kann „Second Life“ auf die Spieler haben?*

---

1 http://secondlife.com/whatis/?lang=de-DE [Stand Jan. 2010]

Selbstmord online

Martina Born: Selbstmord@Internet. Beiträge und Hintergründe. Jugendliche melden sich zu Wort. Verlag Dietmar Klot, Eschborn 2005

Informationen zur Quelle: Martina Born greift in ihrem Buch die harsche öffentliche Kritik an der Existenz von Suizidforen auf und lässt die Stimmen der User, der Betroffenen, hörbar werden. Sie strebt eine kontroverse und vielfältige Sicht dieser Foren an und zeigt auf, dass der Onlineaustausch nicht notwendigerweise negativ oder gefährlich sein muss. Neben potenzielle Gefahren wie etwa das von Kritikern behauptete Herabsetzen der Hemmschwelle treten auch Chancen: Äußerungen im Forum können lebenserhaltend sein – der Betroffene überwindet seine Isolation, tauscht sich über Probleme aus, bekommt und gibt anderen dadurch Hilfe. Born führt Studien an, die einen befürchteten „Werther-Effekt" eindeutig widerlegen (S. 16). Dabei spricht sie Moderatoren und Administratoren solcher Foren eine große Verantwortung zu, da ausdrückliche Selbstmordankündigungen sowie Aufforderungen zum gemeinsamen Suizid durch die Regeln des jeweiligen Forums ausgeschlossen sein sollten.

Die Nutzer von Selbstmordforen sind junge Menschen, was nicht mit einer besonders hohen Suizidgefährdung in dieser Altersgruppe korreliert, sondern durch die Nutzungsgewohnheiten des Internets bedingt ist.

Probleme suizidaler Jugendliche (S. 228 f.)

Wie insbesondere die von den Nutzern geschriebenen Lebensgeschichten zeigen, ist es eher unwahrscheinlich, dass nicht-suizidale Jugendliche aus reiner Neugier in ein Suizidforum geraten, darin hängen bleiben und von den dort geäußerten Todeswünschen negativ beeinflusst werden. Eher ist davon auszugehen, dass viele Kinder und Jugendliche im Laufe ihrer Entwicklung mit sehr ernsthaften Problemen konfrontiert werden. Traumatische Erfahrungen, wie beispielsweise Misshandlung, Missbrauch oder persistierende[1] intrafamiliäre Spannungen, können dann nicht selten auch zu suizidalen Krisen führen. Solche negativen Einflüsse auf die psychische Gesundheit werden auf eindrückliche Weise in den meisten der Lebensgeschichten in diesem Buch beschrieben. Zwar wäre es zu einfach zu sagen, dass an der Suizidalität der Kinder immer die Eltern schuld sind, und dies wird auch in den Stellungnahmen der Nutzer zum Thema Familie nicht pauschal so gesehen, dennoch sind die ersten Interaktionen mit den Bezugspersonen von großer Bedeutung. Sie prägen entscheidend das Grundgefühl eines Menschen, auf dieser Erde gewünscht zu sein oder nicht. Davon hängt auch ab, ob jemand ein seelisches Polster zur Verfügung hat, um auftauchende Schwierigkeiten im Leben und anstehende Entwicklungsaufgaben zu meistern. Im schlimmsten Fall sind die bereits aus der Kindheit mitgebrachten Belastungen so groß, dass die in der Adoleszenz anstehenden Schritte in die Partnerschaft oder in das Berufsleben nicht mehr bewältigt werden können.

Aber nicht nur der engere Kreis der Familie, sondern auch der weitere Kreis der Gesellschaft insgesamt, in der jemand lebt, ist von Bedeutung für das persönliche Wohlbefinden. Die Jugendlichen im Forum empfinden die Welt, in die sie hineinwachsen, zu einem großen Teil als kalt und lediglich auf Konsum und Leistung ausgerichtet zu sein. Sie haben den Eindruck, dass hier kein Platz für Gefühle ist. Psychische Krankheit und Suizidalität werden ihrer Meinung nach stark tabuisiert, sodass darüber auch kein Dialog entstehen kann. Daraus resultiert, dass sie sich mit ihren emotionalen Problemen völlig allein gelassen fühlen und sich anderen auch nicht mitteilen mögen. Sie versuchen stattdessen, ihr schlechtes seelisches Befinden zu verbergen, indem sie sich zurückziehen oder nach außen ein falsches fröhliches Bild von sich präsentieren.
Dabei klingt aus den Beiträgen der Forenteilnehmer durchaus ein resigniertes Verständnis für das Unverständnis ihrer Umwelt an. So wird von Eltern, Mitschülern und Freunden, vermutlich nach einer gewissen Zeit des Misslingens der Verständigung, gar nicht mehr erwartet, dass sie die Probleme der suizidalen Jugendlichen nachvollziehen können, da sie ja nicht „wissen, wie das ist".

Auszüge aus Stellungnahmen von Forenteilnehmern

Bei mir war das meistens so, dass ich in ein tiefes, schwarzes Loch gefallen bin und nicht mehr wusste, was ich machen sollte ... Selbstmordgedanken fingen an, mich zu erdrücken und ich wollte, dass es aufhört. Die Depressionen wurden immer schlimmer, mir tat nichts mehr weh, mir war alles egal und ich konnte an nichts mehr denken, außer endlich tot zu sein.

---

[1] persistierend: fortdauernd

Das beherrschte dann meine Gedanken … Hmmm … na ja, finde ich verdammt schwer, diesen Zustand in Worte zu fassen. Em. 17 J. w. (S. 82)

Ja, das glaub ich auch. Ich denke, für viele ist der Tod die einzige Möglichkeit, ihr Leben zu ändern. Dann ist es zwar nicht so, wie man es gerne hätte, aber wenigstens auch nicht mehr so, wie es jetzt ist. W.S. 23 J. m. (S. 85)

Habe in letzter Zeit mal ein bisschen nachgegrübelt und bin zu folgendem Schluss gekommen: Der Sinn, der hinter dem Leben steht, ist nichts weiter als ein endloser Kampf gegen die Widrigkeiten und Schwierigkeiten des Lebens. Wir Menschen müssen um Anerkennung kämpfen, um Beziehung, Freunde, einen Abschluss, um unsere Identität zu bewahren usw. … Dk. 18 J. m. (S. 180)

Ich werde, seitdem ich sieben bin, von meinen Eltern geschlagen. Und ich meine nicht nur „Klaps hier, Klaps da“, sondern: „Hier mal die Faust, da mal der Fuß“ usw... Ich habe im Moment eine geprellte Rippe, doch ich habe mich an die Schmerzen gewöhnt. Doch mein Spruch lautet: Jeder einzelne Schlag brennt sich in die Seele ein, und so ist es wirklich... Simone, 13 J. (S. 201)

Auszüge aus: Martina Born: Selbstmord @ Internet. Beiträge und Hintergründe. Jugendliche melden sich zu Wort. Verlag Dietmar Klotz, Eschborn 2005

1. *Ermitteln Sie Martina Borns Beurteilung der Foren und vergleichen Sie diese mit der Bewertung durch den SPIEGEL-Artikel.*
2. *Werten Sie die Texte aus: Welche Probleme der Teilnehmer von Suizidforen werden deutlich?*
3. *(Nach Lektüre des Dramas): Vergleichen Sie die Problemlagen mit den Motiven von Julie und August, sich umbringen zu wollen.*

Die große Verführung – Interview mit Neil Postman 1996

Der New Yorker Medienprofessor Neil Postman (1931 – 2003) wurde mit dem Buch „Wir amüsieren uns zu Tode" Mitte der Achtzigerjahre bekannt. Er gilt als großer Kritiker des Internets.

Professor Postman, vor fünfzehn Jahren haben Sie den Computer als Instrument zur sinnvollen Kommunikation bezeichnet. Den Umgang mit dem Rechner zu lernen verglichen Sie mit dem Erlernen einer Sprache. Ihn zu verstehen erfordere und lehre wichtige analytische Fähigkeiten, sagten Sie. Das klingt gar nicht nach dem Technologiekritiker, als der Sie uns vor allem bekannt sind. Sind Sie immer noch der damals geäußerten Auffassung?
Postman: Ob der Computer sinnvoll ist, hängt ganz davon ab, wie wir ihn einsetzen. Wenn die Schüler in der Schule lernen, ihn zu programmieren, ist das völlig in Ordnung. Denn dafür muss man über das Denken selbst nachdenken: ein analytischer Prozess, der in unserer von Bildern bestimmten Welt ausgesprochen wichtig wäre. Nur ist das ganz und gar nicht, was die meisten Schulen machen.

Was machen die Lehrer falsch?
Postman: Zumindest in den Vereinigten Staaten nutzen die Lehrer Computer wie Arbeitshefte oder andere Lehrmittel. Sie könnten genauso gut Papier und Bleistift einsetzen. Denn etwas wirklich Neues lernen die Schüler im Umgang mit den elektronischen Rechnern so bestimmt nicht.

Trotzdem ist der Umgang mit dem Computer eine Technik von ähnlicher Bedeutung wie Lesen und Schreiben: notwendig für Erwachsene und daher etwas, das zu lernen Kinder ein Recht haben.
Postman: Lesen und Schreiben sind nicht einfach Techniken! Computerfreaks und andere High-Tech-Verliebte, die so etwas behaupten, sollten mir einmal Folgendes beantworten: Warum wurden die Erfinder von Computer, Fernsehen, Radio, Film fast ausschließlich mit Papier und Bleistift ausgebildet? Warum sind diese Menschen so schlau, wenn Lesen und Schreiben nur Techniken sind? Sie haben die Welt verändert auf der Basis von Bleistift, Papier und Buch. Nein, im Lesen und Schreiben steckt etwas, das weit über eine bloße Technik hinausgeht. Es verändert unseren Geist, gibt uns analytische Kraft. Die Fähigkeit, mit dem Computer umzugehen, mag auch eine Art besonderer Kraft vermitteln – aber wir wissen noch nicht genau, welche.

Also ist das Internet für Sie noch kein ernst zu nehmendes Medium?
Postman: Es ist schon wichtig für wissenschaftliche Forschung und für große Organisationen wie das Pentagon oder weitverzweigte Banken. Ich glaube nicht, dass es für den Durchschnittsmenschen von besonderer Bedeutung ist.

Trotzdem dürfte es eines Tages so etwas wie eine vernetzte Gesellschaft geben, in der die allermeisten Haushalte am Internet oder seinen Nachfolgern hängen. Wäre ein solches Netz nur eine oberflächliche Einrichtung ohne tiefgreifenden Effekt oder eine echte Gefahr?
Postman: Diese Entwicklung ist jetzt schon gefährlich und in gewisser Weise auch reaktionär[1]. Denn die Netzwelt lenkt die Menschen oft davon ab, die zentralen Probleme anzugehen. Kinder verhungern in der Welt – das hat nichts mit mangelndem Informationsfluss zu tun. Wir haben längst genug Informationen, um zu wissen, wie wir alle Menschen ernähren können. Dass wir es nicht tun, muss andere Gründe haben. Der Computer kann auch nichts ausrichten gegen die Verbrechen in unseren Städten oder gegen Männer, die ihre Frauen und Kinder misshandeln. Wenn es eines gibt, das Menschen wissen, dann, wie sie es vermeiden können, mit sich selbst und ihren Problemen umzugehen.

Postman hatte recht, sagen einige Netzpioniere, das Fernsehen schiebt sich zwischen die Menschen. Der Computer aber verbindet sie.
Postman: Wo bitte verbindet er denn?

Nun, er hilft dabei...
Postman:... wenn Sie jetzt das Wort „Gemeinschaft" bringen ...

Genau das ist nun einmal das Argument...
Postman:... dann verlasse ich den Raum.

Vernetzte Computer helfen den Menschen dabei, neue Gemeinschaften zu formen. [...]
Postman: Wer das sagt, sollte sich in Acht nehmen. Denn er benutzt das Wort „Gemeinschaft" in einer völlig anderen Bedeutung als der, die es in unserer Kultur bislang gehabt hat. Das ist so wie bei dem Wort Konversation. Wir haben hier gerade eine Konversation – nicht diejenigen, die einander Worte im Internet zutippen. [...]

Zumindest bietet das Internet die Möglichkeit zu mehr politischem und sozialem Austausch als je zuvor – und zwar weltweit.
Postman: Wenn andere mir ihre Ansichten mitteilen wollen, können sie einen Brief schreiben. Ja, soll ich vielleicht den halben Tag am Computer sitzen und elektronische Post lesen? Es wird ja auch gesagt, dass jeder Schüler im Internet mit echten Wissenschaft-

[1] hier: fortschrittsfeindlich

lern kommunizieren und von ihnen lernen könne – ja, auf welchem Planeten leben wir eigentlich, wer verbringt schon so viel Zeit mit Tausenden von Schülern, die mit ihren Hausaufgaben im Verzug sind? [...]

Nun müssen wir Sie doch noch einmal nach dem Thema Gemeinschaft fragen: Ihrem Land, das haben Sie oft genug selbst gesagt, fehlt der Gemeinschaftssinn. Ist die Gemeinschaft des Internets nicht besser als eine reine Ego-Gesellschaft?

Postman: Wahrscheinlich ja, aber nur, wenn wir sonst wirklich gar keine Gemeinschaft mehr zustande bringen – wenn wir jeden Gedanken daran aufgeben müssen. Dazu bin zumindest ich nicht bereit.

Wir auch nicht, aber ...

Postman: Gut. Sollten wir eines Tages tatsächlich die Möglichkeit verlieren, ein sinnvolles, ein echtes Leben zu führen, dann akzeptieren wir wohl besser diese Pseudogemeinschaft. Dann sollten uns die Tränen aber nur so aus den Augen strömen. Wenn wir nur noch dumme Maschinen haben, um die Hand auszustrecken und jemanden zu berühren, sollten wir – und würden wir – in stiller Verzweiflung vor uns hin leben.

Susanne Gaschke im Gespräch mit Neil Postman: Das Internet taugt nicht für die Hausaufgaben. In: DIE ZEIT vom 18.10.1996

1. *Welche Pro- und welche Kontra-Argumente in Bezug auf die Internetnutzung werden im Interview genannt?*
2. *Ergänzen Sie eigene Argumente vor dem Hintergrund der Entwicklung des Mediums heute.*
3. *„Generation Internet" – so wird die Jugend heute auch genannt. Stellen Sie Chancen und Risiken der Internetnutzung **für Jugendliche** heraus.*
4. *Verfassen Sie ein Schreiben an Postman, in dem Sie Ihre Meinung zur Bedeutung des Internets als Informations- und Kommunikationsmedium für Jugendliche darlegen.*

Peter Nusser: Zur Phänomenologie des Schwarzen Humors

Friedrich K. Waechter

Eine verlässliche und auch nur einigermaßen umfassende Definition dessen, was Schwarzer Humor ist, liegt bisher nicht vor, ebensowenig eine Darstellung seiner Geschichte. Auch die Herkunft des Begriffs ist nicht geklärt. Der deutschen Bezeichnung geht die erst vor einigen Jahrzehnten aufgekommene angelsächsische (*black humour*) voraus. Dabei ist das Phänomen viel älter. [...] Ausgangspunkt für die Beschreibung des als Schwarzer Humor bezeichneten Phänomens und seiner Wirkung soll zunächst eine Erörterung dessen sein, was wir gemeinhin unter Humor verstehen und was unter „schwarz“ verstanden werden könnte. Ohne auf die lange Geschichte der theoretischen Bemühungen um den Humor eingehen zu können, sei hervorgehoben, dass in ihm eine besondere Einstellung oder Haltung zur Welt zum Ausdruck kommt (darin dem Spott, der Ironie, dem Sarkasmus, dem Zynismus vergleichbar) und dass er damit vom Komischen abzugrenzen ist, das sich als Folge menschlicher Einstellungen oder Haltungen in Formen, z. B. in literarischen, niederschlägt oder aber einfach der Betrachtung als Gegebenheit begegnet. Dass der Begriff Humor für eine menschliche Haltung gebraucht wird, liegt in der Konsequenz der Geschichte dieses Wortes. Es kommt aus dem Lateinischen (húmor), bedeutet dort „Feuchtigkeit, Flüssigkeit, Saft“ und konnte auch in poetischer Umschreibung, etwa für Tränen, verwendet werden. In der mittelalterlichen medizinischen Fachliteratur wurde „humor“ ins Deutsche übernommen und zur Bezeichnung der menschlichen Temperamente eingesetzt. Damit ist das Wort bereits vom stofflichen in den geistigen Bereich übergewechselt.

Unter dem Einfluss des Englischen, in dem *humour* mit dem Charakter von Käuzen und Sonderlingen in Zusammenhang gebracht wurde, bezeichnet Humor am Ende des 18. Jahrhunderts in Deutschland dann diejenige Einstellung von Menschen, die das Absonderliche, das Unscheinbare, Kleine, Unbemerkte (übrigens auch der eigenen Person) mitfühlend bzw. hypochondrisch wahrnimmt, bis schließlich etwas später mit Humor auch die Fähigkeit benannt wird, diese Wahrnehmung bewusst und spielerisch zur Erheiterung der Gesellschaft einzusetzen. Diese Wortbedeutung hat sich – bei allen differenzierenden und unterschiedlichen Bestimmungen in der Ästhetik des 19. Jahrhunderts (Jean Paul, Solger, Vischer, Hegel) – im Wesentlichen nicht mehr verschoben. Humor besitzt derjenige – hiermit geht die Beschreibung der Wortbedeutung bereits in die Wesensbestimmung über –, der die erheiternden oder zum Lachen reizenden Inkongruenzen der Welt und des Menschen bemerkt und aufdeckt, hinter dem Vollkommenen das Unvollkommene, hinter dem Erhabenen das Unzulängliche sieht. Insofern bleibt für den Humoristen die Heiterkeit oder das Lachen immer zugleich mit dem Schmerz über die Unzulänglichkeiten der Welt verbunden, durchdringen sich in jeweils verschiedenen Abstufungen Heiterkeit und Melancholie, Lachen und Trauer. Unvereinbarkeiten zu sehen und anderen mitzuteilen setzt immer eine gewisse Distanzierung des Wahrnehmenden von der ihn umgebenden Realität voraus. Bei aller möglichen emotionalen Anteilnahme entzieht sich der Humorist dem Gefühl des persönlichen Betroffenseins. In dieser Distanzierung liegt die Verwandtschaft seiner Haltung mit der des Spielenden, der über dem Spiel die Realität vergisst und sich ganz der Eigengesetzlichkeit seines Spiels hingibt. [...] Die Scheinwelt, die er literarisch/künstlerisch errichtet, ist bewusst konstituiert aus Realitätsmerkmalen, denen gegenüber er die Haltung der Freiheit einnimmt oder von denen er sich zu befreien trachtet.

Bevor dies am Beispiel des „Schwarzen Humors“ näher erläutert werden kann, ist der andere Bestandteil des Begriffs zu betrachten. Wir bezeichnen als „schwarz“ das, was wir nicht sehen wollen, was undurchsichtig bleiben soll, was wir verdrängen und mit Tabus belegen, das also, was uns mit Angst erfüllt. Die größte Angst, die wir haben, ist die Angst vor dem eigenen Tod und vor den Umständen, die ihn herbeiführen (z. B. Katastrophen) oder in denen sich das Sterben vollzieht. Dass wir an Sterben und Tod so wenig denken, zeigt, wie wirksam unsere Verdrängungsarbeit ist. Aber mit Angst erfüllt uns auch, was dem Tod benachbart ist: die (unheilbare) Krankheit oder der Wahnsinn. Auch vor Verletzungen haben wir Angst, vor körperlichen wie vor seelischen, zumal wenn sie von Menschen ausgehen, die wir lieben. All diese Ängste beziehen sich auf Zustände des Erleidens, Zustände, in denen wir selbst gleichsam die Opfer sind. Aber umgekehrt fürchten wir auch die Triebe in uns, durch die wir andere leiden lassen könnten, wenn wir ebendiese Triebe nicht unterdrückten oder ganz verdrängten. Von unserer Gewissensinstanz am stärksten niedergehalten ist der Tötungswunsch, dessen Vorhandensein sich in Träumen manchmal offenbart. Weniger verdrängt, aber normalerweise unterdrückt sind die Aggressionen, die sich aus Ohnmachtsgefühlen, Rachegedanken oder welchen Motiven auch immer – auf andere Menschen richten, um sie körperlich oder seelisch zu verletzen; gerade wenn diese Aggressionen sich auf Menschen richten, die uns am nächsten stehen, auf den Ehepartner, das Kind, die Eltern, ist die Angst, diese Aggressionen auszuleben, am größten, wird sie am ehesten verdrängt. Nicht von ungefähr mischt sich in diese ganze Kette von gleichsam ins „Schwarze“ abgeschobenen Ängsten [...] häufig auch die Befürchtung vor der Bloßlegung des Geheimgehaltenen, des sorgfältig Verborgenen. Man kann hierin die Sicherheit gewährende Macht des Tabus erkennen, dessen Verletzung wir fürchten, weil sie uns in die mit Angst erfüllte Erfahrung einer existenziellen Grenzsituation zurückstößt. Was ist nun Schwarzer Humor? Ist er Humor über „Schwarzes“ – also die humoristische, spielerisch distanzierte Einstellung gegenüber dem, was wir aus Angst mit dem Tabu belegen? Aber wenn er dies ist – wird dadurch die Qualität des Humors nicht so verändert, dass auch seine oben versuchte Bestimmung an Geltung verlöre und wir den Schwarzen Humor als eine ganz bestimmte Art des Humors begrifflich neu zu fassen suchen müssten? Man nähert sich den Antworten auf diese Fragen, wenn man zunächst konstatiert, dass der Schwarze Humor mit dem „Schwarzen“, also auch mit unseren verdrängten bzw. unterdrückten Ängsten, auf eine ganz bestimmte Art und Weise umgeht, nämlich spielerisch. Wo dieser Spielcharakter, der in den Erscheinungsformen des Schwarzen Humors immer mehr oder weniger stark ins Bewusstsein gerückt wird, nicht mehr zu erkennen ist, stehen wir vor dem blanken Horror oder dem Sadismus, die uns die innere Distanzierung zu versperren und lediglich unseren Schrecken oder unsere Grausamkeit zu evozieren suchen.[...]

Der Schwarze Humor ist in seinen Mitteln nicht gebunden, ebensowenig wie er auf einzelne Gattungen festgelegt ist. Offensichtlich aber besitzt für ihn eine Regel Gültigkeit, die auch dem Komischen in allen seinen Ausprägungen zugrunde liegt. Das Komische reizt zum Lachen, weil in ihm ein Missverhältnis zwischen einer für den Rezipienten geltenden Norm und ihrer ihn emotional nicht ernstlich bewegenden Übertretung überraschend zum Ausdruck kommt [Wellek, Nusser]. [...]Das allgemein Gültige, „Normale“, an das der Schwarze Humor anknüpft, ist unsere ins Unbewusste abgedrängte Angst vor Tod, Krankheit und Verletzung und unsere Angst vor der eigenen Triebhaftigkeit. Schwarzer Humor zeigt den provokant angstfreien, also den „unnormalen“ Umgang mit ebendieser Angst in seinen verschiedensten Spielarten. Immer wieder wird ein Missverhältnis sichtbar zwischen den Tabubereichen und dem das Tabu durchbrechenden Spiel mit ihnen. Fraglich aber bleibt, inwieweit wir als Rezipienten des Schwarzen Humors individuell nicht doch emotional so betroffen sind, dass uns das Lachen vergeht. Denn indem der Schwarze Humor im spielerischen Umgang mit den Tabus nicht nur die belustigenden Abweichungen von der Norm gestaltet, sondern eben auch diese Norm in Erinnerung ruft, ohne die ein Missverhältnis gar nicht bewusst würde, ruft er immer zugleich auch unsere verdrängten Ängste wach, sodass Lachen und Schrecken sich zusammenschließen.

Dies führt zum Problem der Wirkung des Schwarzen Humors. Sie zu erklären ist mithilfe psychoanalytischer Argumentation wohl am ehesten möglich. Wer über Schwarzen Humor lacht, lacht deshalb, weil er sich – jedenfalls momentan – den seelischen „Aufwand“ erspart [...], der für die Einhaltung der Tabus, für die Arbeit der Verdrängung seiner Angst nötig ist. Die verfügbar gewordenen, für den Verdrängungsaufwand momentan nicht gebundenen Energien können dann als Lachen freigesetzt werden. [...] Schwarzer Humor signalisiert die Gefahrlosigkeit des von ihm selbst ans Licht gezerrten, angsterregenden Verdrängten aber vor allem dadurch, dass er zeigt, wie gänzlich respektlos, wie frei von Angst in Wort und Taten mit der Angst umgegangen werden kann. Dabei streifen die Spielsituationen häufig das Absurde. Aber je unwahrscheinlicher, verspielter, konstruierter die Situationen sind, je mehr also auch die Angst verfremdet wird, desto geringer ist die Betroffenheit des Rezipienten, desto leichter kann er sich innerlich von der Angst lösen. Etwas Entscheidendes kommt hinzu: Wir können dem Spiel mit der Angst umso eher zustimmen, je unbeteiligter wir uns fühlen.

Wenn Dritte das Grauen erleben, so brauchen wir uns nicht betroffen zu fühlen; wenn Dritte ihr makabres Spiel mit dem Grauen treiben, so können wir dieses Spiel ohne jegliches Risiko für uns selbst genießen. Man mag dies für ein billiges Vergnügen halten, das ganz in der Nähe der Schadenfreude steht. Man kann aber im zustimmenden Betrachten des Verhaltens Dritter auch – ohne negative Wertung – einfach einen Ausdruck der Erleichterung sehen, sich selbst angesichts des sich eröffnenden Grauens geborgen fühlen zu dürfen. Insofern wäre der Betrachter des Schwarzen Humors mutig genug, sich der Angst zu stellen, aber doch nicht so stark, sie zu ertragen.

Bedingung für das Lachen über Schwarzen Humor ist das Gefühl der Erleichterung, die signalisierte Gefahr nicht ernstlich auf die eigene Existenz beziehen zu müssen. Indem man die Gefahrlosigkeit des in der ästhetischen Vorgabe wiedergekehrten Verdrängten erkennt, kann man den entbehrlich gewordenen Reaktionsaufwand als Lachen abführen.

[...]

Es ist nun allerdings die Frage, inwieweit diese eruptive Art des Lachens für den Rezipienten Schwarzen Humors überhaupt charakteristisch ist, inwieweit sich also die Spannung in ihm überhaupt entlädt. Die Redewendung vom „Lachen, das im Halse stecken bleibt" trifft hier wohl genauer. Die im Rezipienten Schwarzen Humors aufgebaute Spannung von Angst und Angstabwehr, die durch das eintretende Gefühl der Erleichterung, selbst nicht ernstlich betroffen zu sein, auf dem Wege ist, sich im Lachen abzureagieren, wird gleichsam zurückgerufen.

[...]

Nach diesen Überlegungen lässt sich die Frage, was Schwarzer Humor denn nun eigentlich sei, deutlicher beantworten. Schwarzer Humor ist eine Bewusstseinshaltung, die mit den aus Angst verdrängten Bereichen unseres Lebens spielerisch umgeht, und zwar so, dass sie ebendiese Bereiche und den von der Norm abweichenden Umgang mit ihnen zur Anschauung bringt. [...]

Die Darstellungen des Schwarzen Humors und die von ihm ausgehenden Wirkungen stehen in gewisser Nähe zum Grotesken. Auch das Groteske evoziert unsere Angst; es stellt heterogene Lebensbereiche, Gewohntes und Ungewohntes so unvermittelt nebeneinander, dass unsere Welt- und Wertorientierung dadurch gestört wird. Diese Störungen können grauenerregend sein, wenn seelische Schichten in uns angesprochen werden, die normalerweise unbewusst bleiben. [...] Gleichzeitig aber gehen von der unerwarteten Zusammenstellung komische Effekte aus, die unser Lachen auslösen. Auch die Groteske also entbindet Lachen und Grauen zugleich, auch in ihr macht das Lachen das Grauen noch erträglich, hebt andererseits das Grauen die befreiende Wirkung des Lachens auf.

Viel weniger aber als in den Darstellungen des Schwarzen Humors wird in der Groteske – dies ist eine durchaus typisierende und damit im Einzelfall zu relativierende Aussage – der Spielcharakter eigens betont. Das Gefühl der Erleichterung, das der Schwarze Humor anbietet, indem er das Entsetzliche als Makabres, als immer noch zu Distanzierendes hinstellt, wird in der Groteske, die das Entsetzliche stärker betont, eher unterbunden. Indem die Groteske das Grauenerregende, das der Schwarze Humor nur andeutet, ausmalt, setzt sie auch den Betrachter dem Entsetzlichen viel unmittelbarer aus als der Schwarze Humor; der Rückzug in die aufgrund der Verdrängungen scheinbar „heile Welt" wird schwieriger. Was beim Schwarzen Humor als grauenvolle Ahnung aufsteigt und deshalb schnell zurückgewiesen wird, kommt in der Groteske so offen ans Licht, dass es ungleich größerer seelischer Energien bedarf, ihre Bilder wieder zu vergessen. Schwarzer Humor zielt auf den Augenblick, die Groteske wirkt lange beunruhigend in uns nach.

[...]

Wer eigentlich kann über Schwarzen Humor nicht lachen? Hierfür gibt es viele Gründe, häufig bloß situationsbedingte, meist wohl persönliche, sicher auch soziale und kulturgeschichtliche. Über die dem Lachen entgegenstehende momentane Situation muss nicht geredet werden; wohl aber über die gleichbleibenden Aversionen gegenüber dem Spiel mit dem Tabu. Manch einem gelingt es nicht, seine Angst vor existenziellen Grenzsituationen wie etwa dem Tod so zu betäuben, dass er nicht sofort, ist von ihm nur die Rede, alle seelischen Abwehrenergien brauchte, um den Gedanken an ihn zu verdrängen; andererseits ist eine derartige Desensibilisierung denkbar, dass Angst überhaupt nicht mehr empfunden, deswegen auch kein Widerstand mehr aufgebaut wird, der erleichtert im Lachen abgeführt werden könnte. Manch einem mag allein das Spiel mit dem Tabu unangemessen erscheinen, etwa aus religiösen Gründen; anderen geben die Umstände ihres Lebens, Krankheit oder soziales Elend, keinen Raum mehr für das Spiel. Im Spiel Geübte, Bewegliche können eher lachen als Schwerfällige oder rigide an Normen Gebundene, denen jegliche Distanzierung Mühe macht. [...]

Aus der Enleitung zu: Peter Nusser: Schwarzer Humor. Arbeitstexte für den Unterricht. Stuttgart: Reclam 1987 (gek.)

Analyse einer Dramenszene (Linearanalyse)

1. Schritt = Einordnung in den Kontext

- Da es sich in der Regel um eine Szene mitten aus dem Drama handelt, soll man zunächst klären, was bis dahin geschehen ist und was für die Szene wichtig ist.
- Dementsprechend sollte man damit beginnen, an welcher Stelle sich die Szene im Drama befindet.

2. Schritt = Gliederung und Erläuterung der Szene

- Dieser Punkt entspricht jeder anderen Interpretation – man schaut sich den Text genau an, gliedert ihn und stellt ihn entsprechend seinem Aufbau vor.
- Hier ist wie bei jeder Analyse wichtig, dass man den Inhalt nicht wiedergibt, sondern ihn strukturiert darstellt und Entwicklungen/Bezüge aufzeigt.

3. Schritt = Inhaltliche Auswertung der Szene (Charakterisierung/Intentionalität)

- Auch dieser Punkt entspricht dem bei jeder anderen Interpretation: Aus dem konkreten Verhalten der literarischen Figuren (darstellen und ergründen) leitet man die Charakterisierung ab, die in der Analyse der Beziehung zwischen den Figuren mündet.
- Die Charakterisierung der Einzelfiguren sowie deren Beziehung stellt man dann in den Horizont des Stückes und arbeitet die Beziehungsentwicklung heraus.
- Wenn man den Text einmal erarbeitet hat, überlegt man, was die wirklich wichtigen inhaltlichen Punkte sind. Hier hilft eine Eingangsformulierung: „Die Szene zeigt…“ – Dann dürfte man automatisch auf dem richtigen Weg sein.

4. Schritt = Künstlerische Eigenart der Szene

- Hier geht es einmal um die Art und Weise, <u>wie</u> das Geschehen vom Dichter „in Szene gesetzt“ worden ist. Wie treten die Figuren auf? Wie sprechen sie (Sprache und Wirkung)? Welche Inszenierung legen die Regieanweisungen nahe?…
- Bei der Sprache sind die üblichen Stilmittel zu berücksichtigen, z. B. Sprachebene, Metaphorik, Antithetik u. a.

5a. Bestimmung der Funktion der Szene

- Jetzt ist es wichtig, nach der Klärung der inhaltlichen und formalen Besonderheit der Szene deren Funktion und Rolle im Gesamtdrama zu untersuchen. Häufig wird es sich bei Klausuren um Schlüsselszenen handeln, in denen der Charakter des Konflikts oder zentraler Figuren besonders deutlich wird. Beliebt ist natürlich der Höhe- bzw. Wendepunkt oder aber ein Element aus dem Schlussteil.

5b. Zusätzliche Aufgabe: Auswertung der Szene im Hinblick auf eine übergeordnete Fragestellung

- Natürlich kann es auch sein, dass in der Aufgabe gewissermaßen von außen ein zusätzlicher Aspekt eingebracht wird, auf den die Ergebnisse der Untersuchung der Szene hin bezogen werden müssen. Bei der Untersuchung eines Stücks von Brecht könnte das zum Beispiel die Prüfung sein, inwieweit die Szene Elemente des epischen Theaters zeigt.
- Bei Dürrenmatt wiederum könnte die Aufgabe in die Richtung gehen, dass eine Beziehung zur allgemeinen Theaterauffassung des Schriftstellers hergestellt werden soll.

6. Optional: Kreative Ergänzung: z. B. Vorschläge für die Inszenierung

- Jeder Dramentext bedarf eigentlich einer Aufführung auf der Bühne. Ggf. sollte man damit rechnen, dass Überlegungen zu entwickeln sind, wie man die Figuren aufstellt, was man an Bühnenbild und Bühneninventar benötigt u. a.
- Auch Rollentexte, also die Perspektivübernahme einer Dramenfigur, können kreative Textergänzungen sein.

Klausurvorschlag 1: Analyse der „Polarlichtszene"

Klausur im Fach Deutsch Nr. ______	
Klasse: ______ Name: ______________________	Zeit: ______

Aufgabe: Analyse einer Dramenszene

Igor Bauersima: „norway.today". „Polarlichtszene": S. 37–42

1. *Ordnen Sie die Szene in den Dramenkontext ein und fassen Sie die Handlung – nach Handlungsabschnitten geordnet – zusammen.*
2. *Charakterisieren Sie die beiden Figuren sowie deren Verhältnis zueinander. Erarbeiten Sie die deutlich werdende Entwicklung der Figuren sowie ihrer Beziehung.*
3. *Untersuchen Sie (an ausgewählten auffälligen Textstellen), wie Bauersima diesen Szenenabschnitt sprachlich gestaltet und wie dies auf den Zuschauer wirkt. Ziehen Sie dabei auch Rückschlüsse auf die Aussageabsicht.*
4. *Sie sind als Regisseur mit der Inszenierung beauftragt: Entwickeln Sie (begründete) Vorschläge für die Bühnengestaltung Ihrer Inszenierung dieser Szene. Beachten Sie dabei die Regieanweisungen des Autors.*

Viel Erfolg!

Klausurvorschlag 2: Analyse einer Dramenszene mit weiterführendem Schreibauftrag

Klausur im Fach Deutsch Nr. ________		
Klasse: ________	**Name:** ____	**Zeit:** ________

Aufgabe: Analyse einer Dramenszene mit weiterführendem Schreibauftrag

Igor Bauersima: „norway.today"

1. *Analysieren Sie die Textstelle S. 59 Mitte („Wenn der Tod ...") bis S. 62 (Ende), indem Sie ...*
   a) die Szene kurz zusammenfassen und in den Dramenkontext einordnen,
   b) die beiden Personen charakterisieren, die Textstelle mit S. 22 vergleichen und die Entwicklung der Personen sowie ihrer Beziehung erarbeiten,
   c) die Sprache und deren Funktion untersuchen.

2. *Kreative Ergänzung der Dramenvorlage:*
August kehrt nach Hause zurück. Da er keinen Freund hat, mit dem er über das Erlebte sprechen könnte, holt er sein altes Tagebuch wieder hervor und vertraut sich dem Buch an. Schreiben Sie diesen Tagebucheintrag.

Viel Erfolg!

Klausurvorschlag 3: Eine Rezension schreiben

Klausur im Fach Deutsch Nr. ________		
Klasse: ________	**Name: ____**	**Zeit: ________**

Aufgabe: Kritische Auseinandersetzung mit einem literarischen Text mit produktionsorientiertem Schreibauftrag: Eine Rezension schreiben

Igor Bauersima: „norway.today"

1. *Informieren Sie sich in dem unten abgedruckten Lexikonartikel, welche Merkmale eine Rezension kennzeichnen, indem Sie zentrale Textstellen markieren.*

Auf dem Buchmarkt wird es zweimal im Jahr besonders lebendig: einmal, wenn der Handel seine Regale frei macht für die Frühjahrsproduktion der Verlage, und vor allem im Herbst, wenn die Internationale Buchmesse in Frankfurt a. M. ihre Tore öffnet. Ratlos stehen die Besucher vor dem verwirrenden Angebot der Neuerscheinungen. Ähnlich ergeht es ihnen in den Buchhandlungen daheim, denn selbst Fachleute sind ob dieser Bücherflut oft überfordert, einen gezielten Rat zu geben. Hilfe bieten da die ausführlichen Rezensionen – kritische Besprechungen neuer Bücher – in den Literaturbeilagen der großen Tages- und Wochenzeitungen und in den Fachzeitschriften. Ein stattliches Aufgebot von „Rezensenten" kommt hier zu Wort, um die neuen Werke bekannter Autoren und die „Erstlinge" der „Anfänger" vorzustellen. Knappe Rezensionen als Kurzinformation bieten „Literatur-Reports". In jedem Fall dienen die Rezensionen als Brücke vom Autor zum Leser und versuchen, mit Ihren Angaben die schwierige Auswahl zu erleichtern. Sie machen mit dem Inhalt bekannt, erläutern, um welche Fragen es geht, welche Einstellung der Verfasser hat, wie er schreibt, wie er die Aufgabe, die er sich gestellt hat, löst und manches mehr. Eine gute Rezension beschränkt sich immer nur darauf, die Eigenart des Buches zu beleuchten; eine ausführliche Inhaltsangabe gehört nicht zu ihren Aufgaben. Sie soll nichts vorwegnehmen, sondern nur raten oder warnen. Immer aber erwartet der Leser einen klaren Standpunkt des Rezensenten. Rezension ist keine Zensur, sie ist eine Form der Meinungsbildung; das gleiche Buch kann von mehreren Rezensenten unterschiedlicher parteipolitischer und weltanschaulicher Auffassung verschieden besprochen werden. Doch auch ein völliger „Verriss", eine ganz und gar negative Rezension, bedeutet für einen Schriftsteller nicht das Ende seiner Laufbahn. Unangenehm, da öffentlich, ist sie allemal. Letztendlich muss sich der Leser, durch eine Rezension zum eigenen Lesen angeregt, selbst seine Meinung bilden. Diese kritische Meinungsbildung ist zumeist nur in demokratischen Staaten möglich. In autoritären oder totalitären Herrschaftssystemen geben die Rezensionen häufig nur die staatlichen Vorgaben weiter.

Aus: Heinrich (Hg.): dtv junior Literaturlexikon, © 1986 Gemeinschaftliche Ausgabe: Cornelsen Verlag, Berlin und Deutscher Taschenbuchverlag, München

2. *Verfassen Sie zu dem Drama eine Rezension, die Sie mit wahlweise einem der folgenden oder mit einem selbst ausgedachten Titel überschreiben können.*

- *Todesspiele als Wahrheitssuche*
- *„Ich will hier weg!" – „Ich auch!"*
- *Plaudertaschen beim Selbstmord*
- *Chatten bis in den Tod*
- *Rendezvous zum Tod*
- *Spielmodell Abgrund*

Viel Erfolg!

Vergleichende Analyse von literarischen Texten

Fritz Eckenga:
sms an alle

hab jetzt suppabillig flätträt
kann jetzt sprechen ganzen tach
hab auch völlig flätten breitschirm
fast zwei meter total flach

is echt günstig kann ich sprechen
und kann kucken total breit
is total und suppabillig
ganz egal um welche Zeit

is total egal was kuck ich
und wieso und was ich sach
is schön breit und alles weißt du
weil is alles total flach

Aus: Fritz Eckenga: Fremdenverkehr mit Einheimischen.

- *Analysieren Sie das Gedicht von Fritz Eckenga und stellen Sie anschließend zu Thematik und Form von Bauersimas Drama „norway.today" Bezüge her.*

Rezensionen: Das Stück in der Kritik

Berührungen, die nicht stattfinden werden
Igor Bauersimas „norway.today" in Düsseldorf

Man mag eigentlich gar keine euphorische Kritik über einen bislang in der deutschen Stadttheaterszene recht unbekannten Autor wie Igor Bauersima schreiben. Wenn man berichtet, wie grandios gut dieses Stück ist, wie gekonnt der Autor (der bei dieser Uraufführung auch der Regisseur ist) Theater, Film und Internet, postmoderne Sinnzweifel und eine wunderschöne Liebesgeschichte zu einem Theaterabend zusammenbringt, dann tut man Bauersima, den das Düsseldorfer Schauspielhaus aus der Zürcher Off-Szene gelockt hat, vielleicht gar keinen Gefallen. Dann fallen womöglich schon morgen die Intendanten dieses Landes wie Geier über ihn her.

Zwei lebensmüde Jugendliche, Julie und August, die sich im Chatroom kennen gelernt haben, treffen sich auf einer schneeverwehten Klippe in Norwegen, um gemeinsam in den Abgrund zu springen. Leben war für sie immer nur „am Leben", nie mitten „im Leben" sein. Vom freien Fall von der Klippe versprechen sie sich zehn Sekunden der absoluten Freiheit und Wahrhaftigkeit. „Ich war überall, und den Rest hab ich in Filmen gesehen", sagt Julie ihren Eltern zum Abschied in die Kamera. „Ihr habt mir die Welt serviert, ich hab von allem gehabt und ich hab auch alles wieder ausgespuckt, kaum hatte ich es im Mund. Und ich glaube, ich hab jetzt keinen Hunger mehr." Klaus Baumeister hat der trotzig-nachdenklichen Begegnung von Julie und August (zum Verlieben: Birgit Stöger und Christoph Luser) ein schlichtes Schneefeld gebaut, im Hintergrund schneit der Bildschirm. Ihre Klippe ist mal der Orchestergraben, mal die Hinterbühne, als Rückzugsort bleibt nur ein kleines Zelt. Hier spinnen die beiden in der Nacht vor dem Sprung noch eine romantische Liebesszene aus. In „Ich würde dich." – Sätzen beschreiben sie sich Zärtlichkeiten und Berührungen, die nicht stattfinden werden.

Jedes echte Gefühl immer nur ein gut gemachter Schauspieltrick, jede Liebesgeschichte nur eine Story, jeder ehrlich gemeinte Selbstmord doch nur eine billige Selbstinszenierung – das quälende Bemühen um ein Abschiedsstatement vor der Kamera führt Julie und August das Ausmaß und die Tragik ihrer Situation erst vor Augen. „Ich will hier weg", sagt sie am Ende mutlos. Unter www.norwaytoday.de können die Zuschauer abstimmen, ob die beiden springen sollen oder nicht.

In: BZ vom 18.11.2000

„Ich will hier weg!" – „Ich auch!"
Theaterstück über das Thema Selbstmord: norway.today regt aber keineswegs zum Suizid an

Von Laura Dürhager, Carina Krebs, Ineke Dodic, Lena Durkiewicz, Patrick Grossmann und Daniel Haller

„Ich werde, und das ist keine plötzliche Entscheidung, bald Selbstmord begehen" ... „ich möchte es mit jemandem zusammen tun" – so kündigt Julie ihren Selbstmord an. Der Zuschauerraum wird zum Chatroom. Da meldet sich August. Sie verabreden sich. Der Geschichte liegt eine wahre Begebenheit zugrunde: Zwei junge Menschen, die sich über das Internet kennengelernt haben, stürzen sich im Februar des Jahres 2000 gemeinsam von einer Klippe in Norwegen in den Tod.

Die Nachricht, die um die Welt ging, war für Igor Bauersima Basis für sein Theaterstück „norway.today". Die ungewöhnliche Uraufführung im Düsseldorfer Schauspielhaus inszenierte der Österreicher selbst. Sehenswert ist das Zusammenspiel von Video und Theater, was dieses Stück so besonders macht. Eine große Leinwand zeigt Videoaufnahmen, die während des Stückes aufgenommen werden. Die zwei Darsteller Birgit Stoeger und Christoph Luser hatten eine lange Vorbereitungs- und Probezeit von acht Wochen. Sie verglichen sich selbst mit Julie und August und griffen ebenso auf ihre eigenen Erfahrungen zurück. Dadurch setzten sie sich intensiv mit dem schwierigen Thema Selbstmord auseinander. Wegen des zeitweise völligen Eintauchens in ihre Rollen war es wichtig, die Balance zwischen Theater und Realität zu halten. Regisseur Igor Bauersima ließ den Schauspielern viele Freiheiten, zu improvisieren und ihre Rollen ganz frei zu gestalten.

Julie und August spielen das Stück zu zweit auf einer Kunstschnee-Schräge. Die ist so schräg wie das Leben, das sie aufgeben wollen. Zusammen verbringen sie die letzte Nacht und bereiten sich auf den Tod vor. Sie wollen gemeinsam sterben, weil sie glauben bereits alles erlebt zu haben. Doch das flackernde und fesselnde Polarlicht, das am Nachthimmel erscheint, stellt ihren Todeswunsch in Frage.

Aber beim Filmen des Abschiedsvideos für ihre Hinterbliebenen beginnen sie an ihrem Entschluss zu zweifeln: „Also, ich wollte eigentlich... ich wollte euch eigentlich sagen, warum ich das tue, was ich gleich tun werde, aber... ehrlich gesagt, ich weiß es gerade nicht mehr. Ich hab keine Ahnung."

Sie werfen die Aufnahmen schließlich die Klippe hinunter, wie sie beinahe auch ihr Leben weggeworfen hätten. Ein Augenblick lang herrscht Stille. Sie drehen sich um: „Ich will weg hier!“ – „Ich auch!“
Das moderne Theaterstück richtet sich hauptsächlich an Jugendliche und junge Erwachsene. Die Personen in dem Stück sind auch in diesem Alter und das Problem Selbstmord beschäftigt auch eher diese Zielgruppe. Doch eben die jüngeren Menschen sind schwer für das Theater zu begeistern, es gibt ja schließlich Kino und Fernsehen. Daher ist diese Verbindung von Video und Theater so bestechend.
Das Stück befasst sich eindringlich mit dem Thema Selbstmord, doch es regt keineswegs zum Suizid an. Es bewirkt das Gegenteil. Während Julie und August an ihren Entscheidungen zweifeln, wird den Zuschauern die Unsinnigkeit eines Selbstmordes und eine neue Auffassung des eigenen Lebens vermittelt.

In: Frankfurter Rundschau, Nr. 157, 10.07.2002

■ *Arbeiten Sie Lob und Kritik dieser Rezensionen gegenüberstellend heraus.*

Dramatische Gattungen

Komödie
(griech: *komos* = Umzug beim Zechgelage + *ode* = Gesang): komisches Bühnenstück als dramatische Gestaltung eines oft nur scheinbaren Konflikts, der mit heiterer Überlegenheit über menschliche Schwächen gelöst wird. Man unterscheidet ironische und satirische Situations- oder Charakterkomödien und das heiter-übermütige Lustspiel.
[*Beispiel*: G. E. Lessing: Minna von Barnhelm]

Tragödie
(griech. tragodia = Bocksgesang, entweder ‚Gesang der Böcke' mit tragischen Chören in Bocksmasken oder ‚Gesang um den Bock' als Preis oder Opfer), im Wesentlichen gleichbedeutend mit ‚Trauerspiel', neben der Komödie zweite Hauptgattung und höchster Gipfelpunkt des Dramas; dichterische Gestaltung der Tragik als Darstellung eines ungelöst bleibenden tragischen Konflikts mit der sittlichen Weltordnung, mit einem von außen herantretenden Schicksal usw., der das Geschehen zum äußeren oder inneren Zusammenbruch führt, doch nicht unbedingt im Tod des Helden, donern in seinem Unterliegen vor dem Ausweglosen gipfelt [...]. Dem Aufbau nach streng zu unterscheiden sind analytisches und Zieldrama. Das Grunderlebnis der Tragik, wesensgemäß mit der Stimmung der Erhabenheit (Pathos) verbunden, und seine formalen künstlerischen Ausgestaltungen wechseln mit den Epochen und lösen sich aus dem religiösen Ursprung, doch stets stellte die Tragödie letzte Seinsfragen der Menschheit um Freiheit und Notwendigkeit, Charakter und Schicksal, Schuld und Sühne, Ich und Welt, Mensch und Gott. [...]
[*Beispiel*: Shakespeare, Romeo und Julia]

Tragikomödie
Drama aus Verbindung von Tragik und Komik im gleichen Stoff nicht zu einem lockeren Nebeneinander, sondern zu inniger Durchdringung beider Elemente und Motive zur ‚wechselseitigen Erhellung', indem tragische Konstellationen mit komischen Motiven zu eindruckssteigernder Kontrastwirkung verbunden werden [...] oder indem komische Sachverhalte in tragischer Beleuchtung erscheinen, die Doppelgesichtigkeit der Welt offenbaren und die Komik auf eine höhere Stufe heben, in der aus dem Spott ein tragischer Unterton hervorklingt [...].
[*Beispiel*: Forrest Gump (1994), Film von Robert Zemeckis nach dem gleichnamigen Roman von Winston Groom]

Definitionen in: Gero von Wilpert: Sachwörterbuch der Literatur. Stuttgart: Kröner Verlag, 8. Auflage 2001

■ *Welche Merkmale der oben beschriebenen dramatischen Gattungen treffen auf „norway.today" zu?*

Friedrich Dürrenmatt: Uns kommt nur noch die Komödie bei (1955)

Die Tragödie setzt Schuld, Not, Maß, Übersicht, Verantwortung voraus. In der Wurstelei unseres Jahrhunderts, in diesem Kehraus der weißen Rasse, gibt es keine Schuldigen und auch keine Verantwortlichen mehr. Alle können nichts dafür und haben es nicht gewollt. Es geht wirklich ohne jeden. Alles wird mitgerissen und bleibt in irgendeinem Rechen hängen. Wir sind zu kollektiv schuldig, zu kollektiv gebettet in die Sünden unserer Väter und Vorväter. Wir sind nur noch Kindeskinder. Das ist unser Pech, nicht unsere Schuld: Schuld gibt es nur noch als persönliche Leistung, als religiöse Tat. Uns kommt nur noch die Komödie bei. Unsere Welt hat ebenso zur Groteske geführt wie zur Atombombe, wie ja die apokalyptischen Bilder des Hieronymus Bosch[1] auch grotesk sind. Doch das Groteske ist nur ein simpler Ausdruck, ein sinnliches Paradox, die Gestalt nämlich einer Ungestalt, das Gesicht einer gesichtslosen Welt, und genauso wie unser Denken ohne den Begriff des Paradoxen nicht mehr auszukommen scheint, so auch die Kunst, unsere Welt, die nur noch ist, weil die Atombombe existiert: aus Furcht vor ihr.

Doch ist das Tragische immer noch möglich, auch wenn die reine Tragödie nicht mehr möglich ist. Wir können das Tragische aus der Komödie herausziehen, hervorbringen als einen schrecklichen Moment, als einen sich öffnenden Abgrund, so sind ja schon viele Tragödien Shakespeares Komödien, aus denen heraus das Tragische aufsteigt.

Nun liegt der Schluss nahe, die Komödie sei der Ausdruck der Verzweiflung, doch ist dieser Schluss nicht zwingend. Gewiss, wer das Sinnlose, das Hoffnungslose dieser Welt sieht, kann verzweifeln, doch ist diese Verzweiflung nicht eine Folge dieser Welt, sondern eine Antwort, die er auf diese Welt gibt, und eine andere Antwort wäre sein Nichtverzweifeln, sein Entschluss etwa, die Welt zu bestehen, in der wir oft leben wie Gulliver unter den Riesen. Auch der nimmt Distanz, auch der tritt einen Schritt zurück, der seinen Gegner einschätzen will, der sich bereit macht, mit ihm zu kämpfen oder ihm zu entgehen. Es ist immer noch möglich, den mutigen Menschen zu zeigen.

Dies ist denn auch eines meiner Hauptanliegen. Der Blinde, Romulus, Übelohe, Akki[2] sind mutige Menschen. Die verlorene Weltordnung wird in ihrer Brust wiederhergestellt, das Allgemeine entgeht meinem Zugriff. Ich lehne es ab, das Allgemeine in einer Doktrin[3] zu finden, ich nehme es als Chaos hin. Die Welt (die Bühne somit, die diese Welt bedeutet) steht für mich als ein Ungeheures da, als ein Rätsel an Unheil, das hingenommen werden muss, vor dem es jedoch kein Kapitulieren geben darf.

[1] Hieronymus Bosch (um 1450–1516): niederländischer Maler

[2] der Blinde, Romulus, Übelohe, Akki: Figuren in Dürrenmatts Dramen

[3] Doktrin: Lehrsatz; auch: zum Glaubenssatz verhärtete Meinung; programmatische Festlegung

1. *Fassen Sie den Gedankengang Dürrenmatts mit eigenen Worten zusammen.*
2. *Vergleichen Sie Dürrenmatts Theorie des grotesken Theaters mit „norway.today".*

Hans-Thies Lehmann: Postdramatisches Theater (1999)

Postdramatische Theaterzeichen[1]

Traumbilder

[...]
Tatsächlich nähern die Bühnendiskurse sich vielfach einer Traumstruktur an und scheinen von der Traumwelt ihrer Schöpfer zu erzählen. Wesentlich für den Traum ist die Non-Hierarchie zwischen Bildern, Bewegungen und Worten. „Traumgedanken" bilden eine Textur, die Collage, Montage und Fragment ähnelt, nicht aber dem logisch strukturierten Ablauf von Ereignissen. Der Traum ist das Modell par excellence der non-hierarchischen Theaterästhetik, ein Erbe des Surrealismus. (S. 142 f.)

„Performance Text"[2]

Etabliert ist die Unterscheidung zwischen den Ebenen der Theateraufführung in *linguistischen*[3] *Text, Inszenierungstext* und *„Performance Text"*. Das sprachliche „Material" und die Textur der Inszenierung stehen in Wechselwirkung mit der im Konzept „Performance Text" umfassend verstandenen Theatersituation. Auch wenn dem Begriff Text dabei eine gewisse Unschärfe eignet: Er bringt zum Ausdruck, dass jeweils eine Verknüpfung und Verwebung von (mindestens potenziell) bedeutungstragenden Elementen stattfindet. Durch die Entwicklung der Performance Studies ist in den Vordergrund getreten, dass *die gesamte Situation der Aufführung* für das Theater, für die Bedeutung und den Status jedes einzelnen Elements darin konstitutiv ist. Die Art der Beziehung des Spiels zu den Zuschauern, die zeitliche und räumliche Situierung, Ort und Funktion des Theatervorgangs im sozialen Feld, die den „Performance Text" ausmachen, werden die anderen beiden Ebenen „überdeterminieren". Wenn man die Dichte der Aufführung methodisch mit Recht in Zeichenebenen zerlegt, so darf darüber nicht vergessen werden, dass eine Textur sich nicht zusammensetzt wie eine Wand aus Steinen, sondern wie ein Gewebe aus Fäden und daher letztlich die Signifikanz aller Einzelelemente von der „Gesamtbeleuchtung" abhängt, nicht etwa diese additiv erzeugt. Für das postdramatische Theater gilt nun, dass der schriftlich und/oder mündlich dem Theater vorgegebene Text und der – im weiteren Sinne des Wortes – „Text" der Inszenierung (mit Spielern, ihren „paralinguistischen"[4] Ergänzungen, Reduktionen oder Deformationen des linguistischen Materials; mit Kostümen, Licht, Raum, eigener Zeitlichkeit usw.) von einer *veränderten Auffassung des Performance Text* her in neue Beleuchtung gesetzt werden. Auch wenn die strukturelle Veränderung der Theatersituation, der Rolle des Zuschauers darin, der Art seiner kommunikativen Prozesse nicht in allen Spielarten des postdramatischen Theaters und nicht überall in gleicher Deutlichkeit hervortritt, so gilt doch die Feststellung: Postdramatisches Theater ist *nicht allein eine neue Art von Inszenierungstext* (erst recht nicht nur ein neuer Typ von Theatertext), sondern ein Typ des Zeichengebrauchs im Theater, der diese beiden Schichten des Theaters von Grund auf umwühlt durch die strukturell veränderte Qualität des Performance Text: Er wird mehr Präsenz als Repräsentation, mehr geteilte als mitgeteilte Erfahrung, mehr Prozess als Resultat, mehr Manifestation als Signifikation, mehr Energetik als Information. (S. 145 f.)

Chortheater

Symptomatisch für das postdramatische Theater ist es, dass die dialogische Struktur zugunsten von monologischen *und* chorischen abgelöst wird. Es mag auf Anhieb überraschen, wenn man für das Theater der Moderne, das schon so lange und so offenkundig den Chor verlassen zu haben scheint, eine chorische Dimension behauptet. Doch beim Verschwinden des Chors handelt es sich vielleicht um eine nur vordergründige Realität, die über eine tiefer liegende Thematik hinwegtäuscht. Unabweisbar ist jedenfalls, dass im postdramatischen Theater eine Wiederkehr des Chors stattfindet. Einerseits werden ganz direkt Chöre inszeniert. [...] Sprech- und Bewegungschor, klagende, singende Beschwörung treten oft an die Stelle von Drama und Dialog. [...]
Monologisierung und Chor sind verwandt. Wo immer das Drama seine Vielzahl von Figuren aufbietet, um eine Welt zu schildern, tendiert es zum Chor, insofern sich die individuellen Stimmen summieren zu einem allgemeinen Gesang, auch wenn formell kein chorisches Sprechen vorliegt. Den theaterästhetischen Gewinn aus dieser Erkenntnis zieht die These, dass im Zeitalter der Medien genau diejenigen Sprechformen, die die dialogische Geschlossenheit des dramatischen Universums aufbrechen, Monolog und Chor, ins Zentrum des Theaters rücken.

[1] Unter dem Begriff „Theaterzeichen" versteht Lehmann „alle Elemente des Theaters" (S. 139).
[2] Performance: Vorführung; künstlerische Aktion
[3] Linguistik: Sprachwissenschaft; linguistisch: die Sprache betreffend
[4] para (griech.): bei, neben

Analog zur Monologie vermag der Chor (schon in seiner Eigenschaft als Menge), szenisch als Spiegel und Partner des Publikums zu fungieren. Chor erblickt Chor, die Theatron-Achse[1] wird bespielt. Ein Chor bietet weiterhin die Möglichkeit, einen kollektiven Körper zu manifestieren, der in Beziehung zu sozialen Fantasmen und Wunschbildern der Verschmelzung tritt. Dass es kaum großer Anstrengung der Regie bedarf, um beim Auftritt eines Chors das Publikum an Menschenmassen in der Realität denken zu lassen, an Klassen, Volk und Kollektiv, liegt auf der Hand. Der Chor verneint formal die Konzeption eines vom Kollektiv gänzlich abgelösten Individuums und verschiebt zugleich den Status der Sprache: Werden Texte chorisch gesprochen oder von dramatis personae, die nicht als Individuen, sondern als Bestandteil eines chorischen Kollektivs ihre Stimmen erheben, so wird die Eigenrealität des Wortes, werden sein musikalischer Klang und Rhythmus neu erfahren. Die chorische Stimme bedeutet Manifestation des nicht-nur-individuellen Klangs einer Stimmenpluralität und zugleich die Vereinigung der individuellen Körper in einer Menge als „Kraft". Weniger auffallend ist vielleicht, dass die Verbindung der Stimmen im Chor auch zu einer Entfremdung und buchstäblichen *Entwendung* der Stimme führt. Der Chor erhebt eine Stimme, in deren Klangwellen die individuelle Stimme zwar nicht gänzlich untergeht, aber auch nicht mehr in ihrer unverfälschten Eigenheit beteiligt ist, sondern als Klangelement einer neuen, unheimlich verselbstständigten Chor-Stimme, die weder individuell, noch auch nur abstrakt kollektiv ist. Lässt sich die individuelle Stimme, obwohl man sie oft noch heraushören kann, nicht mehr vom Resonanzraum der gesamten Chor-Stimme abheben, so spricht umgekehrt der Chor in dem einzelnen Sprechenden mit. (S. 233 ff.)

Sprache als Ausstellungsobjekt

Das Prinzip der *Ausstellung* ergreift neben Körper, Gestik, Stimme auch das Sprachmaterial und greift die Darstellungsfunktion der Sprache an. Statt sprachlicher *Dar*-stellung von Sachverhalten eine „Stellung" von Lauten, Worten, Sätzen, Klängen, die kaum von einem „Sinn", sondern von der szenischen Komposition gelenkt werden, von einer visuellen, nicht textorientierten Dramaturgie. Der Bruch zwischen Sein und Bedeutung wirkt schockhaft: mit aller Dringlichkeit suggerierter Bedeutsamkeit wird etwa exponiert – lässt aber die erwartete Bedeutung dann nicht erkennen. Die Idee einer Ausstellung von Sprache scheint paradox. [...]
Die *Autonomisierung* der Sprache und des Sprechens kann verschiedene Gestalten annehmen. Häufig kommt es zum Zerfall jeder stilistischen und logischen Kohärenz. Oft wird der alltäglichen Abnutzung und Entwertung der Sprache zu bloßen Worthülsen eine eigene „abstrakte" *Ästhetik des Wortmaterials* entgegengesetzt. [...] (S. 266 f.)

Aus: Hans-Thies Lehmann: Postdramatisches Theater (Auszug). Frankfurt am Main: Verlag der Autoren. 4. Auflage 2008

[1] Theatron-Achse: gemeint ist der Raum der Zuschauer, nicht das ganze Theater.

- *Klären Sie auf der Grundlage des Textauszuges die Begriffe „Performance Text" und „Textur" und deren Bedeutung für eine Theateraufführung.*
- *Wie ist der Begriff „Chortheater" zu verstehen?*
- *Was ist unter der Bezeichnung „Sprache als Ausstellungsobjekt" zu verstehen?*
- *Diskutieren Sie Ihre Ergebnisse im Plenum.*
- *Wenden Sie die genannten Merkmale auf das Drama „norway.today" an und prüfen Sie, ob es sich im Sinne Lehmanns um ein „postdramatisches" Theaterstück handelt.*

Alexandra Freund: Fake ist total real. Das Theater des Igor Bauersima

[...] mit der Durchsetzung des Regietheaters und mit der „Entstehung“ des postdramatischen Theaters in den Siebzigern trat die Frage nach dem Schauspieler sowohl in theoretischer als auch in ästhetischer Hinsicht immer weiter in den Hintergrund. Seit Kurzem wird dem Schauspieler allerdings wieder mehr Aufmerksamkeit gewidmet. Woran liegt das? Die Frage nach der Bedeutung des Menschen und somit nach der des Schauspielers, kam meist in epochalen Umbruchzeiten auf. In der momentanen Zeit der Globalisierung befindet sich die Menschheit wieder in solch einer Umbruchphase: technische, naturwissenschaftliche und medizinische Fortschritte stellen mit Erfindungen wie der Gentechnik oder der Möglichkeit des Klonens die Einmaligkeit des Menschen ebenso in Frage wie die zunehmende Mediatisierung des Alltags die Wahrnehmung der Menschen hinterfragt. Parallel hierzu kommt es automatisch zu einer Veränderung der menschlichen Darstellung, also einer Veränderung des Schauspielers: Nur im Schauspieler wird der Mensch direkt und unvermittelt sichtbar. Authentizität, Präsenz, Unmittelbarkeit lauten die Schlagwörter, wodurch sich der reale Schauspieler von seinem mediatisierten Abbild auf der Leinwand unterscheidet. Aber was verbirgt sich hinter diesen Begriffen und was für Probleme bringt die Anwendung dieser Kategorien angesichts ihrer unterschiedlichen Definitionen mit sich?

Als Konsequenz ergibt sich dadurch die Frage nach der Realität: Wo fängt Fiktion an und wo hört Realität auf? Gerade die Frage nach der Objektivität von Bildern rückt dabei immer mehr in das Interesse der Allgemeinheit. [...] Auch im Theater wird diese Frage immer drängender. Durch die zunehmende Mediatisierung unserer Welt „interessiert keine Frage die jungen Theatermacher mehr als die nach der Differenz von Sein und Schein. Und ob es da überhaupt eine Differenz gibt.“[1] Gerade das Aufeinandertreffen von mediatisiertem Abbild und realem Körper auf der Bühne scheint durch produktive Reibung dieser Frage auf den Grund zu gehen.

Diese Konsequenzen, die sich aus dem (video-)technischen Einsatz ergeben – die Frage nach dem Schauspieler und die Frage nach der Realität –, thematisiert Bauersima in unterschiedlichster Weise in seinen Stücken.

[...] Auch Barbara Burckhardt betrachtet nur das dramatische Schaffen Bauersimas. „Fake ist total real“[2] betitelt sie ihren Aufsatz und trifft damit exakt den Kern seiner Arbeit. Dabei greift sie auf ein Zitat aus „norway.today“ zurück, wenn Julie zu August sagt: „Fake kann total echt sein [...]“. Durch die Paraphrase „Fake ist total real“ akzentuiert Burckhardt das zentrale Thema der Stücke Bauersimas, die Frage nach der Wirklichkeit, der Differenz zwischen Sein und Schein, Traum, Bühne und Realität. [...]

Der 1964 in Prag geborene Igor Bauersima emigrierte 1968 mit seiner Familie nach Zürich. Dort schließt er 1989 sein Architekturstudium ab und gründet 1993 zusammen mit Pascal Ulli, Alexander Seibt und Ingrid Sattes die freie Theatergruppe „OFF OFF-Bühne“, für die er Stücke schreibt und selbst inszeniert. Nach seinem ersten überregionalen Erfolg mit „Forever Godard“ (1998) etabliert er sich im Jahr 2000 endgültig mit seinem Zwei-Personen-Stück „norway.today“ in der deutschsprachigen Theaterlandschaft. Drei Jahre später schreibt der Kritiker Jörg Buddenberg:

„Mit Rene Pollesch, Falk Richter oder Stefan Pucher gehört er [Bauersima] zu jenen jungen Theatermachern, die ihren inszenatorisch-auktorialen Pas de deux an der „Schnittstelle von Cyberspace, Medienphilosophie und Theaterformen erproben.“

[...]

Verbindendes Element der Stücke von Bauersima sind weder die Themen, die ganz unterschiedlich sind (von Kannibalismus über Selbstmord bis z. B. hin zur Gentechnik), noch der dramaturgische Aufbau, vielmehr scheint Bauersima „in jedem seiner Theatertexte von vornherein den Realitätsbegriff infrage stellen zu wollen – philosophisch und medial“[3]. Dabei jongliert er geschickt mit der (dem Theater inhärenten) Frage nach Schein und Sein, Theater und Realität, Medialität und Authentizität. So entwickelt Bauersima zunächst den Raum, in dem das Stück spielen soll, und sucht die Schauspieler aus, die mitspielen sollen. Erst im Anschluss daran beginnt er den Text zu schreiben. Im Zusammenhang mit allen anderen Ebenen „schneidert“ er mit dem Text dann den jeweiligen Schauspielern „Kleider nach Maß“ [...]. Gerade deshalb erscheint es auch wichtig, seine Texte nicht isoliert von den Inszenierungen zu betrachten.

[...]

„Fake ist total real“ – wie kaum ein anderer beherrscht es Igor Bauersima, sich die technischen Möglichkeiten und Erzählweisen des Films/Video auf theatraler und dramaturgischer Ebene zu Nutze zu ma-

[1] Barbara Burckhardt: Das Leben – ein Traum? In: Theater heute. Januar 1999, S. 34

[2] dies.: Fake ist total real, in: Theater heute, Januar 2001; s.a. leicht verändert in: Bauersima, Igor: Norway.today, Frankfurt a.M. 2003, S.186ff.

[3] Anja Nioduschewski: Unwirkliche Wirklichkeit. In: Weiler, Christian/Müller, Harald (Hg.): Stück-Werk 3. Arbeitsbuch Theater der Zeit. Berlin 2001, S. 14

chen. Mit der Verwendung filmischer Medien in seinen Inszenierungen stellt sich nicht nur die Frage nach Intermedialität oder Medienkonkurrenz zwischen den beiden Medien Film (Video) und Schauspieler (Körper), einer eventuell veränderten Spielweise des Schauspielers als notwendige Konsequenz, sondern auch die Frage nach den Grenzen von Realität und Fiktion, die Bauersima inhaltlich und ästhetisch in Form eines Spiels von Fake und Wahrnehmung thematisiert.

[...] „Fake ist total real" fasst sowohl den Inhalt als auch die Form der Stücke Bauersimas zusammen. Die Frage nach Realität und Wahrheit äußert sich daher nicht nur durch die Dramaturgie seiner Stücke – also seiner Tätigkeit als Autor –, sondern auch durch Inszenierung und Spielweise seiner Schauspieler – folglich seiner Tätigkeit als Regisseur. [...] Unter der Einbeziehung von Video und Film auf der Bühne gelingt es Bauersima immer wieder, einen formal und inhaltlich komplett neuen Zugang zu seinem Spiel um Realität/Wahrheit und Fake/Fiktion zu finden. Dies hat jedoch auch eine sich immer wieder verändernde Funktion und Wahrnehmung der Zuschauer zufolge.

Das dem Zuschauer präsentierte Bühnengeschehen erscheint auf den ersten Blick immer klar und eindeutig. Auf den zweiten Blick offenbart sich jedoch eine präzise Konstruktion, die auf die Auseinandersetzung Bauersimas mit philosophischen Lektüren und aktuellen Diskursen verweist. Das Gesehene muss immer hinterfragt werden, auch wenn die simple, fast schon geschwätzige Sprache dies zunächst nicht suggeriert. Alles macht den Zuschauer zweifeln, führt ihm vor, wie manipulierbar seine Wahrnehmung ist, und macht die Erschaffung einer eigenen Wahrheit erfahrbar. „Fake ist total real" kann daher programmatisch über das Gesamtwerk Bauersimas gestellt werden: In all seinen Stücken tritt sowohl auf dramaturgischer als auch auf ästhetischer Ebene immer wieder die Frage nach dem Sein und Schein, nach Theater und Realität und damit verbunden die Frage nach dem Schauspieler in den Vordergrund.

Ausgehend von der Produktion und Rezeption seiner Stücke stellt sich die Frage nach der Funktion des Videoeinsatzes. Welche Funktion übernehmen die technischen Medien und welche Konsequenzen hat dies auf den Schauspieler und seine Spielweise? Charakteristisch für die Arbeitsweise Bauersimas ist auf ästhetischer Ebene die immer wiederkehrende Verwendung des Videos, wobei der Einsatz über eine bloße Video-Nutzung weit hinausgeht: Ob Live-Aufnahmen wie in „norway.today" oder Einspielungen wie in „Forever Codard", ob Medien-Inspiration (u. a. Zapping-Ästhetik) oder der theatrale Gebrauch der Medien (u. a. Delay, Video Puppet) – Igor Bauersima nutzt in seinen Inszenierungen die unterschiedlichsten Verwendungsmöglichkeiten des Videos.

Das Video wird dabei jedoch weder zum Konkurrenten des Schauspielers stilisiert, noch entsteht eine Reibung zwischen Schauspieler und Video. Vielmehr zeichnet sich Bauersimas Videoeinsatz durch eine gegenseitige Abhängigkeit aus, die Schauspieler und Video in Harmonie miteinander zu gleichberechtigten Darstellern werden lässt. Auch aus medientheoretischer Sicht ist es zulässig, in seinen Inszenierungen von Intermedialität bzw. von einer Medienkorrelation zu sprechen.

Aus: Alexandra Freund: Fake ist total real. Das Theater des Igor Bauersima. Kleine Mainzer Schriften zur Theaterwissenschaft. Tectum Verlag, Marburg 2007, S. 7–9, 57, 112f. (Auszüge, gek.)

1. *Inwiefern wird der Satz aus „norway.today" „Fake kann total echt sein" bei Bauersima zum inszenatorischen Programm?*

2. *Erklären Sie die Begriffe „Intermedialität" und „Medienkorrelation" unter Bezugnahme auf das Schauspiel „norway.today".*

Alexandra Freund: Theater und Video

Es scheint vermessen, vom Theater des 21. Jahrhunderts zu sprechen oder gar eine neue Stilrichtung ausmachen zu wollen, da das neue Jahrhundert gerade erst begonnen hat. Dennoch scheint sich ein Wandel auf den deutschen Theaterbühnen zu vollziehen. Wie lässt sich dieser am besten beschreiben? Was ist das Neue an diesem Wandel? Deutlich wird diese Veränderung bei der Betrachtung des zeitgenössischen Theaters an zwei Verfahren: „[dem] Einsatz von Film- und Videoeinspielungen und [der] Transformation filmischer Verfahren in eine theatrale Ästhetik." Obwohl, wie im vorhergehenden Kapitel [...] dargelegt, der Einsatz neuer Medien kein Novum darstellt, werden die neuen Medien bis heute von den meisten Feuilletons als Fremdkörper auf den Sprechtheaterbühnen angesehen. Dabei handelt es sich, wie Dietrich Dietrichsen bemerkt, nicht um die Medien im Allgemeinen, sondern meist um ein spezifisches Medium – das Video.

Im Unterschied zum Film begreift sich das Video „als ein Medium, das nicht auf ein Kameraobjektiv angewiesen ist und somit kein Produkt herstellt, sondern einen Prozess". Aufgrund der elektronischen Bildaufzeichnung, direkten Wiedergabe und der mobilen Einsatzmöglichkeiten haftet dem Video daher immer der Charakter des Dokumentarischen an: Denn während es sich beim Film immer um Produkte von Inszenierungen handelt, suggeriert das Video durch seine Prozesshaftigkeit Authentizität.

Vonseiten der Zuschauer befriedigt das Video hier neben dem Bedürfnis nach Authentizität auch ein voyeuristisches Verlangen, vonseiten der Kandidaten das Bedürfnis nach narzisstischer Selbstbetrachtung.

Mit dem Einsatz von Videos auf der Bühne öffnet sich nun eine rivalisierende Szene parallel zum Bühnengeschehen. Dadurch entsteht nun eine Simultanität, die vom Zuschauer ständig neue Entscheidungen fordert: Welcher Szene soll er seine Aufmerksamkeit schenken – dem mediatisierten Abbild oder der Live-Szene? Daran anschließend ergeben sich folgende Fragen: Welche unterschiedlichen Formen des videotechnischen Einsatzes gibt es im deutschen Sprechtheater des beginnenden 21. Jahrhunderts? Welche Funktion und Motivation hat der Einsatz von Video innerhalb einer Inszenierung?

Vier Arten des Mediengebrauchs

Der Theaterwissenschaftler Hans-Thies Lehmann, der mit seinem Essay zum „Postdramatischen Theater" den theoretischen Unterbau für die unterschiedlichen neuen Inszenierungsformen geliefert hat, bietet für die Analyse des Medieneinsatzes erste Kategorien, die eine gute Grundlage für die späteren Inszenierungsanalysen der Stücke Bauersimas bieten. Lehmann unterteilt den Mediengebrauch in vier verschiedene Gruppen: Medien-Nutzung, Medien-Inspiration, Medien konstitutiv und Medien theatralisiert, die im Folgenden einzeln vorgestellt werden. Obwohl Lehmann dabei immer ganz allgemein von Medien spricht, konzentriert er sich auf den Einsatz von Film und Video auf der Theaterbühne.

Medien-Nutzung

Das Medium – in diesem Fall das Live-Video – wird zwar genutzt, geht aber nicht weiter über eine bloße Nutzung hinaus. Die Inszenierung hätte auch ohne diesen Einsatz auskommen können.

Medien-Inspiration

Die zweite Art des Medieneinsatzes ist die der „Medien-Inspiration". Hierbei steht nicht das Medium selbst im Vordergrund, sondern die Übertragung der ästhetischen Prinzipien auf das Theater. Diese Übertragung äußert sich beispielsweise in der Übernahme des Clip-Rhythmus und der Zapping-Ästhetik, oder indem Zitate aus der Popkultur oder Reizthemen der Medien-Öffentlichkeit auf der Bühne ausgestellt werden. Folglich lässt sich – so Lehmann – das Theater von den Prinzipien der Medien inspirieren und setzt sie auf der Bühne in eine eigene Ästhetik um. Diese Form der Nutzung zeigt Christoph Schlingensief anschaulich bei seiner Produktion *Quiz 3000*. In dieser Inszenierung übertrug er das erfolgreiche Fernsehformat der Quizshow „Wer wird Millionär" auf die Theaterbühne.

Medien konstitutiv

„Medien konstitutiv" nennt Lehmann die dritte Variante des Medieneinsatzes, damit bezeichnet er solche Theaterformen wie die Arbeiten John Jesurums oder die der New Yorker Wooster Group. Hier werden die Medien sichtbar in die Produktion eingebunden.

Medien theatralisiert

Als vierte Variante charakterisiert Lehmann den theatralen Gebrauch der Medien („Medien theatralisiert"). Darunter versteht er, dass „mithilfe von sichtbaren Kameras" nicht nur die Schauspieler abgebildet werden, sondern dass sie „mit vorher aufgenom-

menem Material kombiniert", also „verfremdet, verlangsamt oder beschleunigt" werden. Videotechnische Möglichkeiten bieten hier unter anderem die Blue Screen- oder Luminance Key-Technik, bei der live aufgenommene Darsteller in vorproduzierte Hintergründe gestanzt werden.
Die Leinwand stellt somit das integrierende Element dar, welches das Geschehen auf der Bühne und die Simulation vereinigt. Die Wahrnehmung dieser Synthese jedoch rivalisiert immer mit dem Live-Geschehen. Diese Form des Einsatzes kann als „offene Illusion" bezeichnet werden, denn obwohl gezeigt wird, wie es hergestellt wurde, schafft das Leinwandbild eine „verspielte Realität".

Formen des Videoeinsatzes

Wie aber wird das Video im Theater verwendet? Als Bühnenbildersatz? Als Ersatz für reale Schauspieler? Zur Konstruktion von Parallelhandlungen oder zur Öffnung des Bühnenraums? Während Lehmann vier Kategorien des medialen Einsatzes beschreibt, lassen sich beim Video zunächst zwei grundsätzliche Einsatzformen unterscheiden: die Einspielung und die Live-Produktion.

Die Einspielung

Die Einspielung „zeigt das Video von seiner dem Film verwandten Seite", da es sich hier um bereits vorab gedrehtes Material handelt, das als Videokopie oder als Mitschnitt anderer Aufnahmen während der Vorstellung reproduziert wird. Einen Mitschnitt anderer Aufnahmen als Form des videotechnischen Einsatzes bezeichnet Linders mit dem Terminus technicus „Old Movie".

Die Live-Produktion

Bei der Live-Produktion werden die Bilder im Gegensatz zur Einspielung während der Vorstellung in Echtzeit gefilmt und direkt über eine Leinwand oder einen Fernseher auf die Bühne übertragen. Das Video übernimmt hier eine Funktion, die vor allem dem Theater zugeschrieben wird – es wird transitorisch [...].

Damit eröffnet der Einsatz des Videos wieder neue, bisher nicht umsetzbare Möglichkeiten: die vierte Wand stellt kein Problem mehr da, weil die Kamera stellvertretend für den Zuschauer jeden Winkel der Bühne erfassen kann. Außerdem zeigt es Figuren in Nahaufnahmen oder anderen Perspektiven, die ohne Kamera nicht hergestellt werden konnten, wodurch die Distanz zum Zuschauer aufgehoben oder verstärkt werden kann. Damit verweist das Video auf die Begrenztheit des Sehens. Durch das Splitten des Blicks, der Verweigerung der Zentralperspektive und durch den ständigen Wechsel zwischen Abbild und Abgebildetem „erfährt die Subjektivität des Blicks, das frei schweifende ‚Kameraauge' des Zuschauers, eine Aufwertung".
Auch für den Schauspieler ermöglicht dies eine neue Spielweise. Neben der Ausdifferenzierung der Mimik tritt er nun in Interaktion mit sich selbst und/oder seinen Mitspielern als Videobild.
Dem Video kommt hier ein Statuswechsel zu, es wird vom Medium zum Requisit und vom Requisit zum „Spielmaterial". Das Video wird theatralisiert. Gerade in Bezug auf die Realitätsebenen bietet sich dadurch eine ganz neue Möglichkeit: Die Videotechnik, der vonseiten der Zuschauer meist ein dokumentarisch-authentischer Charakter unterstellt wird, kann hier die Realität in Frage stellen. Sie spielt mit der Frage ‚Was ist Fiktion, was Realität', sodass eine eindeutige Zuweisung für den Zuschauer manchmal gar nicht mehr möglich ist.

Aus: Alexandra Freund: Fake ist total real. Das Theater des Igor Bauersima. Kleine Mainzer Schriften zur Theaterwissenschaft. Tectum Verlag, Marburg 2007, S. 17–28 (Auszüge, gek.)

1. *Welche vier Arten des Mediengebrauchs unterscheidet Freund?*
2. *Erklären Sie die Funktion des Videoeinsatzes im Schauspiel „norway.today".*

Horst Steinmetz: Zur Postmoderne

Zu den Undeutlichkeiten der Postmoderne gehört [...], dass man nicht sagen kann, wann genau sie eingesetzt hat. Manche rechnen ihr sogar Werke aus den 20er- und 30er-Jahren zu.
Relativ eindeutig liegen die Dinge eigentlich nur in der Architekturgeschichte, in der der Begriff der Postmoderne denn auch einen seiner Ursprünge hat. [...] Damals, zur Zeit der Moderne, herrschte ein schmuckloser, geradliniger Baustil vor. Die Funktion, der Zweck bestimmten die Form der Gebäude. [...] Die heutige Bauweise hat sich von diesem Funktionalismus abgekehrt und ist zum Dekor und Ornament zurückgekehrt. Sie dienen keinem bestimmten Zweck, ähnlich wie in der Architektur vor der Moderne. [...] Dabei greift man ganz unbefangen auf bereits bekannte Elemente und Motive aus der Vergangenheit zurück. Dadurch entsteht eine Mischung verschiedener Stile, in der Altes und Neues direkt miteinander verbunden werden. Die Anleihen aus der Vergangenheit wirken manchmal wie Zitate und geben dem Ganzen etwas Spielerisches, ja Ironisches. Man besteht also keineswegs mehr auf Stilreinheit, sondern fühlt sich frei, zu verwenden, was einem sinnvoll oder auch vergnüglich erscheint, imitiert ohne Skrupel Überliefertes und Zeitgenössisches, pendelt unbekümmert zwischen Erneuerung und Tradition hin und her. [...] [Zur Literatur Anm. Verf.]: In der Postmoderne ist die große, die fast pathetische Gebärde verschwunden, mit der man sich während der Moderne in den Dienst einer mehr oder weniger kompromisslosen Suche nach Wahrheit und Wirklichkeit stellt. [...] Wo man so etwas wie die Wahrheit verkünden will, tut man es ironisch und fast parodierend. [...] Man vertritt die Auffassung, alles sei vielgestaltig, mehrdeutig, veränderlich. [...] Es entsteht ein Spiel, ein Kombinationsspiel, dessen Spielcharakter nicht unterdrückt wird. [...] Alles Unmittelbare, alles *Direkte ist* bereits gesagt worden, hat dadurch *seine Unschuld* verloren. Alle Wahrheit ist alt. Berücksichtigt man diese Einsicht nicht, ist man naiv. Man leidet darum unter dem Druck der Wiederholung, der man nur entrinnen kann, wenn man die Attitüde der Ironie annimmt, Umberto Eco, [...]: „Die postmoderne Haltung erscheint mir wie die eines Mannes, der eine kluge und sehr belesene Frau liebt und daher weiß, dass er ihr nicht sagen kann: ‚Ich liebe dich inniglich‘, weil er weiß, dass sie weiß (und dass sie weiß, dass er weiß), dass genau diese Worte schon, sagen wir, von Liala geschrieben worden sind. *Es* gibt jedoch eine Lösung. Er kann ihr sagen: ‚Wie jetzt Liala sagen würde: Ich liebe dich inniglich‘. In diesem Moment, nachdem er die falsche Unschuld vermieden hat, nachdem er klar zum Ausdruck gebracht hat, dass man nicht mehr unschuldig reden kann, hat er gleichwohl der Frau gesagt, was er ihr sagen wollte, nämlich dass er sie liebe, aber dass er sie in einer Zeit der verlorenen Unschuld liebe."
Man zitiert Inhalte und Formen, man kehrt zum Alten zurück, um das Neue aussprechen zu können. Man will das wirklich Gefühlte und Erlebte wiedergeben, aber verzichtet auf jegliche anmaßende Originalität.
Die Verfremdung trifft aufs Neue auch die Einheit der Person, des Ich. Wir haben gesehen, wie in der Moderne die Selbstgewissheit des Ich zerfallen ist, nicht zuletzt unter dem Einfluss Freuds, aber auch der Kulturkritik etwa des Philosophen Friedrich Nietzsche. Die Moderne hatte die Identitätskrise des Ich in vielen Bildern und Formen dargestellt. Die Postmoderne geht noch einen Schritt weiter. Sie löst die Konturen des Ich vollständig auf, projiziert es in eine Skala von äußeren Erscheinungsformen, zersplittert es in variantenreiche Spracherscheinungen. [...] Für [...] [die Moderne; Anm. Verf.] hatte das Leben, hatte die Wirklichkeit einen harten Kern, etwas nicht Reduzierbares, das tatsächlich und real ist. Für die Postmoderne gibt es auch diesen Kern nicht mehr. Leben und Wirklichkeit sind in ihrer Vielfältigkeit, Widersprüchlichkeit und fortwährenden Veränderung nur als vorübergehend stabiler Zusammenhang greifbar.

Aus: Horst Steinmetz: Moderne Literatur lesen. Eine Einführung. München: C. H. Beck (Becksche Reihe 1152)

- *Definieren Sie die Begriffe Moderne und Postmoderne.*
- *Nehmen Sie Stellung zur „Identitätskrise des Ich" und zur Möglichkeit individuellen Ausdrucks.*
- *Stellen Sie Bezüge zum Drama „norway.today" her.*